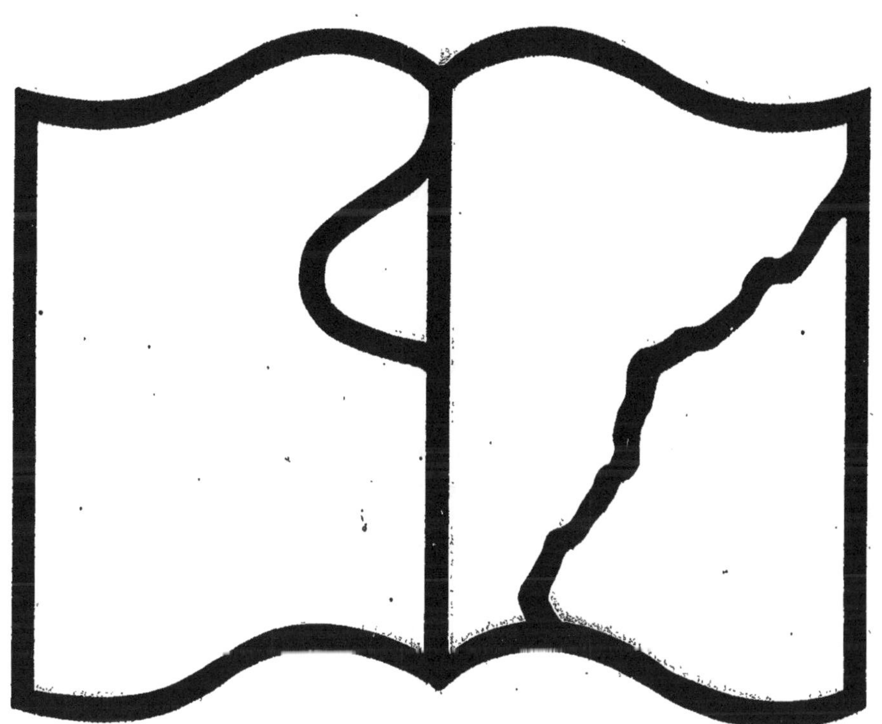

Texte détérioré — reliure défectueuse

NF Z 43-120-11

Symbole applicable
pour tout,ou partie
des documents microfilmés

ÉTUDES

SUR

LES FINANCES

ET

L'ÉCONOMIE DES NATIONS

PAR H. PRICE

Ancien chef de division au ministère du commerce de la République d'Haïti,
Doyen du tribunal de commerce du Cap Haïtien

PARIS
GUILLAUMIN ET Cie, LIBRAIRES
Éditeurs du Journal des Économistes, de la Collection des principaux Économistes,
du Dictionnaire de l'Économie politique,
du Dictionnaire universel du Commerce et de la Navigation, etc.
Rue Richelieu, 14

—

187[illegible]

PARIS — TYPOGRAPHIE TOLMER ET ISIDOR JOSEPH,
rue du Four-Saint-Germain, 43.

ÉTUDES

SUR

LES FINANCES

ET

L'ÉCONOMIE DES NATIONS

PAR H. PRICE

Ancien chef de division au ministère du commerce de la République d'Haïti,
Doyen du tribunal de commerce du Cap Haïtien.

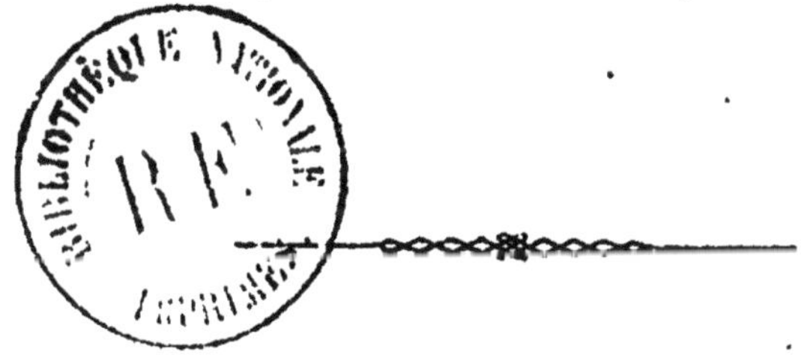

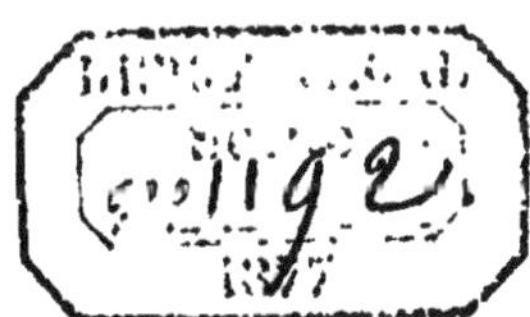

PARIS
GUILLAUMIN ET Cie, LIBRAIRES
Éditeurs du Journal des Économistes, de la Collection des principaux Économistes,
du Dictionnaire de l'Économie politique,
du Dictionnaire universel du Commerce et de la Navigation, etc.
Rue Richelieu, 14

1876

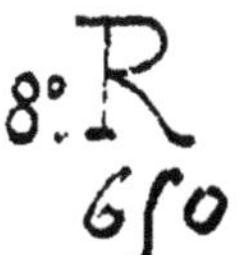

DÉDICACE

A

HENRY C. CAREY

DE

PHILADELPHIE

A vous, Monsieur, dont le génie a rallumé, dans le chaos des sciences sociales, le flambeau de la vérité éteint par les faux disciples d'Adam Smith ;

A vous, dont la modestie égale le vaste savoir ;

A vous, qui avez daigné descendre des sommets d'une gloire que l'orgueil accompagnerait chez tant d'autres, pour faire un signe d'encouragement à l'infime pionnier qui vous admirait d'en bas ;

A vous, illustre philanthrope, qui m'avez ouvert vos portes avec bonté, non en vous faisant illusion sur le mérite de celui qui venait à vous, mais seulement parce qu'il vous parlait de tout un peuple, de toute une race d'hommes, souffrant de l'insuffisance de leurs moyens mécaniques ou intellectuels, et incapables encore de vaincre dans la grande lutte que vous avez si bien décrite de L'HOMME CONTRE LA NATURE ;

A vous, Monsieur, ce livre est dédié, comme un faible témoignage de l'admiration et de la reconnaissance de l'auteur.

S'il m'est permis de voir se réaliser mes espérances;

Si, par l'œuvre de vulgarisation que j'entreprends, mon pays, un jour désabusé de la décevante théorie des *nations purement agricoles*, cesse de demander aux agitations politiques et sociales, aux révolutions sanglantes et stériles, le mot de la civilisation ;

Si je parviens à convaincre mes compatriotes de cette vérité profonde, que pour être riche, il ne suffit pas à un peuple de demander à la Terre les substances qu'elle recèle dans son sein, mais qu'il faut encore savoir *façonner* ces substances à l'usage auquel on les destine ;

Si, par mes efforts, ils se pénètrent de cette autre vérité, qu'une société ne saurait prospérer qu'en s'affranchissant de plus en plus de la lourde charge *des transports*, non-seulement en multipliant, en entretenant les routes, les canaux et toutes les voies de communication, mais surtout en rapprochant du cultivateur, en plaçant à côté de lui, dans les villes et dans les villages, le cordonnier qui l'approvisionne de chaussures, le tailleur qui fait ses habits, le maçon et le charpentier qui bâtissent sa maison, le forgeron qui fabrique sa charrue, ses houes, ses manchettes et tous ses instruments aratoires ; aussi bien que le tanneur qui prépare la matière première de l'industrie du cordonnier ; le tisserand, chez qui le cultivateur des plantes textiles trouve un débouché assuré, tandis que le tailleur lui demande les tissus qu'il façonne à son tour ; le tailleur de pierre qui extrait des carrières et prépare les moellons que le maçon met en œuvre pour bâtir ;

Si je leur prouve que le sifflement de la vapeur dans les champs ne devient un signe certain et *durable* de civilisation qu'à la condition d'avoir pour écho le sifflement de la vapeur dans des villes industrieuses ;

Si je leur démontre suffisamment que *savoir faire ses*

bottes et les faire n'est pas la même chose que de *porter des bottes sans pouvoir les faire eux-mêmes* et en allant les chercher en France ou en Angleterre en donnant du café en échange;

Alors, je l'espère, les vrais amis de l'humanité pourront se réjouir en voyant une paix intérieure, solide et durable, s'établir sur cette terre qui ne sait aujourd'hui que dévorer les plus méritants de ses enfants par ses révolutions incessantes.

Alors, les pères de famille, qui se désespèrent maintenant en voyant grandir des enfants auxquels ils n'ont aucune carrière à offrir, seront du moins en mesure de choisir pour leurs fils une voie honorable.

Alors, ces milliers de jeunes gens qui, devant les portes closes de l'industrie, vont aujourd'hui, faute d'un autre moyen de parvenir, renforcer la troupe des faiseurs de révolutions ou de coups d'État, demanderont leurs moyens d'existence à l'exercice honorable et *honoré* des arts industriels.

Alors le *travail de la main* cessera dans le pays d'être considéré comme une flétrissure, car mes compatriotes sauront que l'honnête homme qui gagne sa vie en faisant des souliers, des habits, des chapeaux, des briques, des tuiles, des clous, du sucre ou des tissus est plus honorable que l'homme à la fois ignorant, orgueilleux et immoral qui, dans le système *agricole* actuel, meurt de faim malgré la propriété de ses vastes domaines incultes, ou vit en donnant l'assaut au pouvoir, en devenant, un jour d'émeute, général sans armée; officier de génie ou d'artillerie sans pouvoir même soupçonner l'existence des mathématiques; ne voyant enfin dans l'épaulette que le moyen de se rapprocher d'une caisse publique toujours vide.

Alors enfin, une ère nouvelle de paix intérieure et

de prospérité, l'ère de la civilisation, s'ouvrant pour ma patrie, mes compatriotes n'oublieront point, en glorifiant le gouvernement quelconque qui les y aura conduits par un système intelligent et rationnel de protection industrielle, de bénir aussi votre nom, le nom du savant illustre, du grand pasteur, qui, en indiquant à tous la véritable « théorie du progrès », aura été indirectement le promoteur de leur civilisation.

Tel est le vœu sincère de votre humble serviteur.

L'auteur.

PRÉFACE

Il est assez d'usage de faire précéder un livre nouveau par quelques considérations sur les motifs qui en ont déterminé la production.

C'est surtout lorsque la matière traitée a déjà inspiré un grand nombre d'écrivains de mérite, qu'on éprouve le besoin, en y revenant, d'exposer ses raisons au lecteur.

Or, jamais matière intellectuelle n'a donné lieu à de plus nombreuses publications que l'économie politique.

Mais dans cette formidable pyramide bibliographique, le lecteur instruit sait bien qu'il y a trois parts distinctes à faire.

Il y a d'abord les maîtres, les hommes de génie, dont les précieuses découvertes servent de fondements à la science; et dont les erreurs mêmes, marquées au coin de leur vaste intelligence, ont eu la puissance de faire école. Ils sont tout au plus une demi douzaine.

Puis viennent les disciples sérieux et convaincus, les propagateurs plus ou moins instruits, les vulgarisateurs plus ou moins puissants des doctrines professées par les différentes écoles. Ils ont, — sinon la gloire de quelque grande découverte, — ce qui appartient au génie seul, — du moins le mérite d'un contingent personnel d'argumentation en faveur des doctrines de l'école dont ils adoptent la bannière.

On trouve ces deux catégories d'ouvrages dans toutes les sciences. Et, pour l'économie politique, comme pour les autres sciences, les livres de ce genre ne sont pas bien nombreux.

Mais là où les publications économiques diffèrent profondément de celles qui se rapportent à d'autres sciences, c'est dans la troisième catégorie, la plus nombreuse : nous voulons parler des écrits inspirés par tout autre intérêt que celui de la science dont ils traitent.

En effet, la science économique, — grâce à la divergence des doctrines professées par les différentes écoles,—a donné lieu à des polémiques, qui ont perdu peu à peu le caractère des discussions scientifiques, dont l'exemple nous est offert par les correspondances des J.-B. Say, des Malthus, pour régler leur allure sur celle des disputes entre les *partis politiques*.

Le *journalisme économique* est devenu, dans presque tous les pays civilisés, un moyen aussi assuré d'arriver aux assemblées législatives, de récolter des portefeuilles ministériels, que le *journalisme politique*. Tandis que celui-ci alimente la presse périodique, remplit de brochures les étalages de librairie, en exploitant les éternelles disputes des partis politiques, l'autre y concourt en exploitant les discussions des sectes.

La même journée voit éclore autant de brochures, de livres de toute dimension sur la politique que sur l'économie politique. Les uns dissertent sur les *intérêts politiques* d'une localité ; les autres sur les *intérêts économiques* de la même localité. A côté d'une dissertation sur des questions *politiques* dont l'auteur n'a nul souci de savoir si le gouvernement des peuples est une science ou un art, est mise en vente une autre dissertation sur des questions *économiques* par un autre auteur aussi ignorant de la classification de l'économie politique parmi les connaissances humaines.

Ce sont deux échelles également destinées à escalader le pouvoir,—elles ont même fini par se servir de rallonges,— et désormais, tout politicien *intelligent* en Europe est doublé d'un *écomomiste*, et chaque *parti* appartient à une *secte*.

En Angleterre, whigs et tories se reconnaissent aussi sûrement à leurs doctrines économiques qu'à leurs programmes politiques. En France, les impérialistes sont tenus d'inscrire le mot *libre-échange* en tête de leurs professions de foi, lorsqu'ils se présentent devant les électeurs. En

Amérique, abolitionniste et protectionniste sont des dénominations également précises du parti politique républicain, —tandis que les politiciens de l'autre parti, les démocrates, sont esclavagistes et libres-échangistes non moins invariablement.

Ainsi s'explique la valeur scientifique complétement négative des innombrables publications qui forment cette troisième catégorie des œuvres économiques.

Mais, nous le répétons, lorsqu'on a balayé cet immense fatras qui encombre les abords de la science, il ne reste qu'un nombre restreint d'ouvrages économiques d'une véritable valeur scientifique.

Loin de nous la prétention orgueilleuse, en abordant ce vaste sujet, d'avoir aucune grande vérité nouvelle à révéler au monde. Mais nous espérons, par la conscience avec laquelle nous avons poursuivi ces études, qu'il nous sera donné d'échapper à la catégorie de ceux que nous sommes tenté d'appeler les *économistes militants*.

Nous avons rêvé d'être pour notre pays l'un des vulgarisateurs sincères de la science, ou du moins des *doctrines* auxquelles nous nous sommes rallié après une étude aussi approfondie que pouvait le permettre la faiblesse de nos facultés intellectuelles, — non-seulement des maîtres, mais de tous ceux de leurs continuateurs dont les œuvres jouissent d'une réputation méritée.

Toutefois, nous ne nous dissimulons point que si modeste que soit en apparence une telle ambition, elle est encore de beaucoup au-dessus du mérite de l'œuvre que nous livrons à la publicité.

Si, pourtant, la jeunesse intelligente de notre pays, stimulée par cette œuvre, se livre à l'étude sérieuse d'une science si importante par ses conséquences ; et, si de cette étude sortent des ouvrages plus propres que le nôtre à la propagation, à la vulgarisation des saines notions d'économie politique dans le pays,—ce sera encore assez pour notre gloire d'avoir indiqué la voie et d'avoir ainsi concouru à la prospérité de nos compatriotes, à la civilisation de notre pays et de notre race.

PLAN DE CET OUVRAGE

Nous avons cru devoir traiter séparément des finances, bien que toutes les questions financières soient des questions économiques. Mais cette division, que les meilleurs écrivains ont adoptée et suivie, a l'immense avantage de grouper les matières semblables et de fatiguer beaucoup moins le lecteur.

La première partie, ou l'étude de l'économie politique proprement dite, comprend deux subdivisions.

Dans la première, nous examinons la doctrine économique du libre-échange,—ce sera la matière de deux volumes, dont le premier, que nous livrons maintenant au public, contient :

Des considérations préliminaires sur l'origine et les attributions du gouvernement.

Un prologue à la première division. La question financière soulève le problème social.

1re division. Chap. Ier. Origine de la secte libre-échangiste.
« II. Étude sur Adam Smith.
« III. Étude sur J.-B. Say.
« IV et V. Étude sur Malthus.

Le second volume paraîtra incessamment avec le complément de la première division de la première partie; il comprendra les chapitres suivants :

Chap. VI. Théorie de la rente de Ricardo.
« VII. Le sophisme de Fr. Bastiat.
« VIII et IX. Le libre-échange devant l'histoire.
« X. Les libres-échangistes réfutés par eux-mêmes.

Puis viendra la seconde division de la première partie, où nous nous proposons l'exposition de la science économique telle qu'elle résulte de la combinaison et de la concordance des principes professés par Adam Smith en Angleterre, J.-B. Say en France, List en Allemagne, et H.-C. Carey dans le Nouveau-Monde.

Ce sera la matière de deux forts volumes, que suivront nos Études sur les finances proprement dites.

Cette seconde partie comportera, comme la plupart des ouvrages qui traitent de finances, trois subdivisions : Les Charges publiques, les Ressources de l'État, et la Comptabilité publique.

Nous osons croire que ce plan est le meilleur que nous puissions adopter en vue de permettre la facilité des recherches à ceux de nos lecteurs qui n'auraient point le désir de parcourir méthodiquement tout le livre, en même temps que d'assurer aux autres le travail le moins fatigant possible.

Que si nous manquons notre but et que le lecteur découragé mette de côté le livre, faute de lui trouver suffisamment de mérite, nous oserons encore compter sur son indulgence, en faveur de la droiture des intentions de l'auteur.

Paris, le 20 décembre 1875.

ÉTUDES

SUR

LES FINANCES ET L'ÉCONOMIE DES NATIONS

CONSIDÉRATIONS PRÉLIMINAIRES

SUR L'ORIGINE ET LES ATTRIBUTIONS DES GOUVERNEMENTS

La politique, ou la science du gouvernement, a pour objet la connaissance des lois morales qui président aux relations des peuples avec les citoyens qui les dirigent.

Cette science embrasse tous les intérêts généraux de la société, dont la direction — en vue même d'une administration meilleure de ces intérêts — se trouve confiée au gouvernement.

Mais, la limite de l'intervention du gouvernement dans les affaires du peuple, la limite de ces intérêts généraux, dont l'administration peut être plus avantageuse quand elle est confiée à un gouvernement que lorsque le peuple s'en occupe directement, ce n'est point chose de hasard et que l'arbitraire puisse régler sans danger. Les pouvoirs du gouvernement et son mode d'action sont réglés, limités, indiqués par le caractère, les goûts, les habitudes, les croyances, les aspirations, les susceptibilités et surtout le degré de civilisation du peuple dans l'ordre moral; aussi bien qu'ils le sont, dans l'ordre matériel, par sa nature physique et celle du pays qu'il habite. Toutes ces données sont indispensables pour bien apprécier les véritables besoins du peuple auxquels le gouvernement est appelé à satisfaire.

Les hommes qui acceptent de se charger des destinées d'un peuple doivent donc connaître toutes ces choses.

Et, c'est parce que ces notions — variables à l'infini — sont les plus difficiles à acquérir, que la science de la politique est considérée comme la branche la plus compliquée des connaissances humaines.

La parfaite entente d'une science si vaste emporte, en effet, l'idée d'une vaste intelligence, d'un immense savoir; aussi l'histoire ne nous montre-t-elle prospères, civilisés, puissants, que les peuples dont les destinées ont été confiées à des hommes qui, par leur immense savoir ou par leur vaste intelligence, ont pu s'élever à la hauteur de cette science et mériter le nom d'*hommes d'État*. Ce qui signifie rigoureusement des savants de la science politique, comme les astronomes, les chimistes signifient des savants de la science chimique, de la science astronomique.

Cependant, si la *limite* des intérêts généraux sur lesquels doit s'étendre l'action du gouvernement est éminemment variable et subit des différences profondes d'un peuple à un autre; du moins, la *nature* de ces intérêts est invariable, et on peut les ranger sous deux grandes catégories : la sécurité publique et les services publics.

§ I. — De la Sécurité publique.

Si — nous élevant à une certaine hauteur — nous envisageons les besoins sociaux d'un point de vue quelque peu abstrait, nous ne tardons point à reconnaître que ceux de ces besoins auxquels les gouvernements sont appelés à satisfaire, sont en effet de deux catégories parfaitement distinctes et que sépare une profonde ligne de démarcation.

Le *besoin de sécurité* est dans la nature; nous le retrouvons dans tous les êtres créés, et sous le nom d'*instinct de la conservation*, il se montre à nous comme l'instrument le plus puissant de la nature pour la perpétuation de toutes les espèces du règne animal.

Ce besoin de sécurité existe dans l'homme, vivant au sein de la civilisation la plus avancée, exactement au même degré que dans la créature humaine végétant dans un état d'absolue sauvagerie. C'est donc l'un de nos *besoins naturels;* d'où il découle que, tout ce qui, dans l'organisation sociale, a pour but la satisfaction de ce besoin, repose sur un *principe naturel.*

Il n'en est point ainsi des *services publics;* ce sont des besoins qui naissent de l'organisation sociale et varient, par conséquent, avec elle. On peut dire que le besoin de sécurité est l'une des principales causes sinon la seule de l'organisation sociale, comme celle-ci est la cause du besoin des services publics. Ces derniers ne sont donc qu'un accessoire à la mission du gouvernement, et il n'est point impossible que la Société atteigne à un degré d'avancement qui lui permette de supprimer la plupart de ces services, sans mettre en péril, ni son existence, ni aucun de ses intérêts. Des esprits éminents n'hésitent pas à considérer cette suppression graduelle comme l'une des fins que doit se proposer désormais la civilisation moderne; ils s'appuient en cela sur la preuve fournie par l'expérience, qu'au fur et à mesure que les lumières se font jour au sein des peuples, les citoyens trouvent avantage à simplifier les rouages du gouvernement, en se chargeant eux-mêmes de la plupart des services publics, qui, alors, se font mieux et plus économiquement que sous la direction du gouvernement: telle est la grande théorie de la décentralisation administrative.

Il résulte de ces réflexions que la mission *na-*

turelle d'un gouvernement, son rôle principal, la tâche qu'il peut seul remplir dans la société, et pour laquelle celle-ci ne saurait s'organiser, vivre et prospérer sans lui; sa principale raison d'être enfin, c'est de garantir la sécurité complète de tous et de chacun des membres de la société dont il tient les pouvoirs.

Pour bien comprendre ce rôle des gouvernements, remontons à l'origine des sociétés et étudions attentivement le tableau qui s'offre alors à notre pensée : le tableau de l'Homme aux prises avec la puissante Nature.

Comme tous les êtres créés, l'homme est venu au monde avec des besoins impérieux et pour la satisfaction desquels le Créateur a placé en lui des forces suffisantes.

Ce don de la *force* a été réparti de même à toute la création; cependant, partout nous voyons l'*homme* subjuguant la *bête*. C'est que cette dernière ne puise des forces qu'à une seule source : la matière; tandis que l'homme dispose de plus des forces de l'esprit qui n'est qu'en lui.

Cela était nécessaire : l'Esprit nous donnant des besoins différents de ceux qui naissent de la matière, il était juste que nous pussions tirer de l'esprit même les forces nécessaires à la satisfaction de ces besoins d'un autre genre; et comme ces besoins sont plus vastes que ceux qui se rapportent à l'entretien de la somme de matière placée en nous, il est évident que les forces destinées à les satisfaire devaient être d'autant plus grandes que celles que peut offrir la matière.

Ces deux forces mises en présence et en opposition, la plus petite devait se soumettre à la plus grande : L'*esprit* a dominé la *matière*, et l'homme, plus fort que les autres espèces animales, a pu dompter et soumettre à son empire tout le monde matériel ; et, puisant sans cesse de nouvelles forces à cette source merveilleuse de l'*esprit humain* qui s'élargit à mesure que nous y puisons davantage, il s'est enfin élancé, — sans sortir de sa nature, comme l'ont avancé malheureusement des écrivains éminents, au nombre desquels nous voyons figurer l'illustre auteur du *Contrat social*, — dans les champs sans limite de la civilisation.

C'est bien à tort qu'on a opposé à l'état de civilisation, l'état de nature pour désigner l'état sauvage. L'homme civilisé est à l'*état de nature* dans un palais, comme l'abeille est à l'état de nature dans sa ruche, comme l'homme sauvage lui-même est à l'état de nature dans sa hutte. La différence de ce dernier au premier n'est uniquement que dans le développement de leurs forces intellectuelles ; développement qui est aussi *naturel* que celui des forces physiques de l'enfant devenu homme.

L'esprit, qui est en nous, est de sa *nature* éminemment perfectible : rien n'est donc plus *naturel* que de jouir des perfectionnements auxquels il est déjà parvenu et de concourir à ceux qu'il peut atteindre encore sous l'empire de la civilisation.

Ainsi, en étudiant le point de départ des sociétés humaines, en prenant l'homme à son état sauvage *absolu*, qu'il nous soit permis de ne point donner à cet état le titre exclusif et comme par excellence d'état de nature.

Cette distinction, dont l'objet ne s'est peut-être pas offert jusqu'ici à la pensée du lecteur, n'en était pas moins nécessaire à établir. Car, si nous admettions cette erreur de Rousseau (1), que l'homme civilisé n'est point à l'état de nature, il nous faudrait arriver comme lui à cette conséquence de la plus fâcheuse gravité, que les *sociétés civiles* elles-mêmes, dont le perfectionnement est le but de la civilisation, ne seraient que des arrangements artificiels en dehors de tout *principe naturel*; et les *droits*, qui constituent les fondements de ces sociétés et dont elles ont pour mission de garantir la jouissance à leurs membres, cesseraient aussi d'être des *droits naturels*.

Dès lors, tout deviendrait conventionnel, c'est-à-dire facultatif dans l'organisation sociale, et la *politique* ne serait plus qu'un vaste champ ouvert à l'imagination et dont il faudrait écarter tout

(1) Voy. *Contrat social.*

principe immuable; théorie qui nous ferait rétrograder jusqu'aux fantaisies de la république de Platon, et peut-être bien, de sophisme en sophisme, jusqu'à la dénégation complète de l'esprit; c'est-à-dire jusqu'à prêcher le retour à l'état sauvage absolu, sous prétexte de nous rapprocher de l'état naturel.

Qu'est-ce, en effet, que l'homme à l'état sauvage absolu? C'est à proprement parler celui qui n'a encore fait aucun usage de ses forces intellectuelles. Il est au niveau du chien, du cheval, de la bête, enfin, et procède d'instinct.

Dans cet état, la *force matérielle* domine.

Celui qui a moins de muscles cède à celui qui en a davantage, et de même que l'épagneul, au premier grondement du bull-dog, s'enfuit et abandonne à celui-ci la proie qu'il tenait et dont il se croyait le maître, de même l'homme faible, dans l'état sauvage, fuit le plus fort ou subit sa pression, cède à sa volonté.

Mais, tandis que dix, vingt, cent petits chiens s'enfuiront devant un seul gros chien, deux ou trois hommes faibles s'arrêteront, feront face à l'ennemi commun, et, unissant leurs forces, écraseront celui qui, plus fort que chacun d'eux pris séparément, se trouvera néanmoins plus faible que tous réunis.

Dans cette alliance spontanée des faibles pour résister à une commune oppression, nous ne voyons point un acte de pur instinct, il y a eu une indication de la pensée. C'est le premier usage des forces de l'esprit, leur premier triomphe sur la force matérielle isolée. C'est le point de départ de la société.

Mais l'homme, parvenu à ce point, n'a pas encore vaincu la matière; son insécurité, pour ne plus provenir des mêmes causes, n'en a pas moins continué d'exister. Garanti par l'union des faibles contre la force brutale individuelle, il voit cette union se montrer à son tour comme une puissance nouvelle menaçant sa sécurité. De là, le besoin de se garantir contre cette nouvelle force, la *force du nombre*, que nous pouvons considérer comme la force matérielle portée à son plus haut degré de puissance par le concours de l'esprit. C'est de ce besoin de se garantir contre la puissance du nombre qu'est sorti tout *pacte social*. Nous entendons par ce mot tout contrat, écrit ou simplement tacite, par lequel un groupe d'hommes s'engagent à réunir leurs efforts pour la défense de leur sécurité commune et de la sécurité individuelle de chacun d'eux.

A quelque degré de civilisation que parviennent les sociétés humaines, elles n'ont pas politiquement d'autres fins.

Cependant, comme la société prenait ainsi naissance par suite du besoin de sécurité de ceux qui concouraient à sa formation, il était nécessaire de définir les actes qui mettaient cette sécurité en péril et qu'il fallait prévenir par les efforts communs.

Ainsi, le *droit* a pris naissance avec la société elle-même et lui sert de fondement naturel. Garantir la sécurité publique, ce n'est pas autre chose, en effet, que de garantir à chacun la jouissance complète de ses *droits naturels.*

Que si l'on voulait savoir quels sont ces droits naturels de l'homme, il faudrait le demander à cette chose naturelle aussi qui est en nous et que les philosophes appellent la *conscience*; celle-ci nous répond avec l'Évangile :

« Vois tout ce que tu ne voudrais pas qu'on te « fît; le *droit* de tes semblables est que tu ne le « leur fasses pas. » Qu'on ne s'y méprenne point, si le christianisme a pu faire sortir les sociétés européennes de la confusion du moyen âge, et les conduire de progrès en progrès jusqu'au degré de civilisation où nous les voyons, c'est que, parmi les maximes sublimes de cette religion, se trouve l'affirmation, ou, si l'on veut, la révélation du droit naturel méconnu dans les sociétés antiques dont l'esclavage était l'unique fondement.

Bien des questions, en apparence très-épineuses, qui s'agitent de nos jours et troublent les sociétés les plus avancées, se simplifieraient d'une manière étonnante si on les soumettait à l'analyse de la conscience, de ce creuset philosophique où doivent s'épurer tous les droits que l'on peut appeler naturels.

Mais ce n'est pas le lieu de se livrer à cet examen, qui, d'ailleurs, ne serait d'aucune utilité pour l'exposition de notre pensée. Ce que nous tenions à démontrer, et nous nous flattons d'y être parvenu, c'est que toute société a, pour fondements, les droits naturels et inaliénables de l'homme, et pour but, de garantir à chacun de ses membres la jouissance complète de ses droits.

Cependant, la société, à quelque degré de civilisation qu'il nous plaise de l'étudier, ne saurait se prêter à aucune organisation où *tous* seraient tenus d'abandonner leurs occupations, leurs résidences, pour voler à chaque appel de *chacun* des membres de la communauté dont la sécurité se trouverait menacée. Il a donc fallu confier cette œuvre de *protection*, de commune défense, à quelques-uns, en leur déléguant une part de la puissance sociale, suffisante pour rendre leur action efficace, tout en traçant à l'emploi de cette puissance déléguée des règles positives qui en marquent la limite et empêchent ceux auxquels on l'a confiée de la retourner contre leurs mandants.

C'est ainsi que la *puissance exécutive* a pris naissance à la suite de la *puissance législative*, à laquelle elle reste subordonnée de droit naturel. En d'autres termes, c'est ainsi que des *lois posi-*

tives gravées sur la pierre, écrites, ont été faites peu à peu pour garantir les droits naturels de l'homme, et que les gouvernements sont conduits graduellement à leur attribution naturelle de veiller sous leur responsabilité à l'exécution de ces lois.

La puissance *politique* du gouvernement ne peut donc s'exercer légitimement que pour garantir la sécurité publique, source principale, sinon la seule, de la prospérité, de l'aisance, du bien-être de la société.

Cette sphère d'activité des gouvernements semble au premier abord bien restreinte ; mais c'est là une erreur, à laquelle malheureusement de très-grands esprits se sont laissés aller. Il suffit, pour se convaincre de cette erreur, de se rappeler que ce seul mot de *sécurité* renferme en lui-même tous les grands principes de justice, de moralité, de liberté, d'égalité légale, de droit naturel enfin, qui doivent être observés par les gouvernements, non-seulement dans les lois qu'ils font pour régler les rapports des citoyens entre eux, mais encore et strictement dans leurs propres rapports avec les citoyens et avec les gouvernements étrangers.

Ces principes n'ont jamais pu être violés impunément.

Quand ils sont écartés dans les rapports des gouvernements entre eux, la conséquence est de faire passer les peuples, de l'état de paix où la nature les sollicite, à l'état maudit de guerre que réprouve la conscience universelle.

Quand ils sont violés par le gouvernement dans ses rapports avec les citoyens, le pays où se commet cette violation doit passer fatalement par la dure école des horreurs de la guerre civile et des fréquentes révolutions qui ne peuvent manquer de l'agiter.

Quand ils sont mal observés dans les rapports des citoyens entre eux, à cause de l'imperfection ou de l'inobservance des lois, cela entraîne également l'anarchie par la démoralisation du peuple, arrête le développement de ses facultés intellectuelles, détruit sa sociabilité, le rend réfractaire à la civilisation, insoucieux du patriotisme, et partant indifférent même à l'indépendance nationale.

Les moyens dont les gouvernements disposent pour assurer la sécurité publique embrassent toutes les grandes branches de l'administration générale, dont l'action tend à assurer au pays la paix intérieure et extérieure, le respect par tous envers tous du droit naturel et des lois écrites, la défense du territoire et de tous les intérêts communs contre toute agression injuste, contre toute tendance oppressive, aussi bien que celles dont l'action tend à développer les facultés morales et intellectuelles du peuple, à apprendre aux citoyens à bien se pénétrer de leurs droits et de leurs devoirs, afin qu'ils sachent accomplir ceux-ci, faire respecter ceux-là, et faciliter ainsi à l'homme d'Etat l'exécution de sa tâche pénible, mais pleine de grandeur.

Dans la pratique, ces soins généraux de sécurité se divisent entre des départements spéciaux qui y concourent directement ou indirectement, et dont l'administration est confiée à des ministres différents. Par cette division, les ministres offrent à la société de meilleures chances d'une administration parfaite, *savante* de ses intérêts. C'est une faculté offerte à chaque homme d'État de limiter le cercle de ses études, c'est-à-dire de concentrer ses facultés intellectuelles sur la branche spéciale de la grande science politique où son esprit se trouve le plus à l'aise.

§ II. — Des Services publics.

La seconde catégorie, avons-nous dit, des intérêts généraux auxquels les gouvernements doivent pourvoir, embrasse les *services publics.* M. Gaudillot, dans son *Essai sur les finances*, les définit : « ces soins, ces travaux d'intérêt général, en vue desquels les hommes se forment en corps politique, estimant qu'il vaut mieux y pourvoir à frais communs et au moyen d'un gouvernement, que pour le compte de chaque particulier et à l'aide d'efforts individuels » (1).

(1) Voy. GANDILLOT, *Essai sur la science des finances.*

Ces services embrassent l'entretien des armées de terre et de mer, des agents intérieurs et extérieurs du gouvernement, de tous les individus, enfin, employés à assurer directement ou indirectement à la société, par leur travail intellectuel ou corporel, cette sécurité indispensable que nous venons de rappeler; en même temps que les grands travaux d'intérêt général dont parle M. Gaudillot, et qui comprennent la construction et l'entretien des routes, des canaux, des ports, des ponts et chaussées, des édifices publics, etc.

Tout ces services se résument en *salaires* qu'il faut payer aux personnes employées par l'Etat, et en *matériaux* qu'il faut aussi *payer* pour les constructions d'utilité générale.

Le gouvernement faisant ces *dépenses* pour le compte de la communauté, celle-ci doit mettre à sa disposition les *ressources* qu'elles nécessitent.

De là naissent entre les peuples et leurs gouvernements des rapports incessants, délicats et surtout d'une importance si colossale, que l'on pourrait peut-être soutenir, sans trop s'aventurer, que plus de gouvernements ont péri par les finances que par toutes les autres causes réunies.

Les gouvernements, en effet, n'agissent point pour leur propre compte. Si les ressources qu'ils puisent dans la société dépassent les dépenses d'absolue nécessité qu'ils doivent faire pour le compte de celle-ci, ils entreprendront davantage, entameront ou achèveront des travaux plus importants d'utilité publique ou même de simple luxe, le tout au grand avantage de la communauté, qui y trouve la satisfaction ou de ses intérêts ou de sa gloire (1). Si, au contraire, ces ressources sont insuffisantes pour les dépenses reconnues nécessaires, il faudra ou diminuer ces dépenses en réduisant le nombre des fonctionnaires publics, celui des entreprises de l'Etat, en ralentissant même les travaux en cours d'exécution; ou bien chercher l'équilibre, en demandant à la société d'augmenter, — *si elle le peut*, — des ressources reconnues insuffisantes.

Mais la société politique, — encore que l'on puisse soutenir le contraire en s'appuyant sur la fiction du régime représentatif, — la société n'est qu'une abstraction.

On ne peut la consulter directement sur les ressources qu'elle peut offrir, sur les richesses qu'elle possède. Qu'une assemblée de représentants d'un peuple puisse à l'occasion décider avec sagesse sur la nécessité d'une augmentation des

(1) Il est inutile, croyons-nous, de rappeler au lecteur que nous raisonnons ici dans l'hypothèse d'un *gouvernement rationnel;* de celui dans lequel un contrôle législatif positif et efficace empêche le gaspillage, au profit de quelques favoris, des revenus de l'État.

dépenses publiques, on peut admettre cela ; mais pour décider que la communauté soit ou non assez riche pour supporter, sans se ruiner, la charge des nouveaux impôts qui doivent couvrir ces dépenses, qu'en sait-elle ? Quel est le représentant d'un centre quelconque de population qui a jamais connu, par ses propres relations, la position de fortune de chacun de ses électeurs et par conséquent la fortune publique de la localité dont il représente les intérêts ?

Pour avoir approximativement ces notions, on est obligé de surveiller les phénomènes de la formation, de la distribution et de la consommation des richesses dans la société. Ce sont des études indispensables pour l'homme d'Etat soucieux du bonheur de ses compatriotes et qui ne veut point entraver le développement des richesses publiques en prélevant sur le fonds commun une part plus grande que celle que la société peut donner sans s'appauvrir.

Ce n'est que par ces études qu'il pourra suivre la marche progressive ou rétrograde de la fortune publique, et qu'il saura distinguer les cas où l'on peut demander au peuple d'augmenter les ressources du gouvernement, de ceux où l'on doit se contenter de réduire les services publics.

Ainsi la science de l'homme d'Etat s'élargit encore pour embrasser dans son cadre immense la connaissance de l'économie politique et celle de la statistique.

Ici encore, pour faciliter l'abord de ces études trop vastes et assurer à la chose publique la meilleure administration possible, l'on a eu recours dans la pratique à la division des spécialités.

Aussi la grande catégorie des *services publics* embrasse des départements ministériels différents au nombre desquels nous voyons figurer au premier rang, par son importance, le *département des finances*, dont laprincipale et délicate attribution est de maintenir l'équilibre entre les *ressources publiques* et les *ressources sociales*, de déterminer la limite assignée par celles-ci à celles-là pour ne franchir jamais cette limite.

Cette branche spéciale de l'administration publique, cette subdivision de la grande science du gouvernement des peuples est l'objet principal de ces études. Cependant, ce n'est point en vue d'une vaine parade d'érudition que, dans une œuvre sur les finances et l'économie politique, nous avons cru devoir faire ce tableau à grands traits des obligations de l'homme d'Etat envers le peuple et surtout envers la *science*.

Tout citoyen qui accepte de diriger l'une quelconque des grandes branches de l'administration, a les mêmes obligations au même degré. Si même le devoir d'être *savant* était plus impérieux pour la direction de l'un des départements ministériels que pour les autres, ce serait assurément pour celui des finances. En effet, si l'on songe que l'*ignorance* dans l'administration des finances d'un pays peut y tarir toutes les sources de la fortune publique, y faire diminuer les moyens de subsistance du peuple; si l'on se rappelle, d'une autre part que, lorsque les moyens de subsistance décroissent dans un pays, suivant la pensée de Malthus, ou lorsque le revenu social y baisse, suivant celle plus correcte de Sismondi, il faut que les bouches inutiles disparaissent, c'est-à-dire qu'il y ait des hommes, des femmes, des enfants qui meurent; qu'en un mot la population diminue, on comprendra alors qu'un ministre des finances qui, par son ignorance, détruit une partie quelconque des richesses de la société, *tue* en même temps une portion de la population, détruit par conséquent cette *sécurité* qu'il a pour mission, comme homme d'État, de contribuer à assurer à la société qu'il prétend servir. Alors aussi, on comprendra qu'il n'était point hors de propos de rappeler ici, et à l'égard du seul département des finances, comment et pourquoi le gouvernement tout entier n'existe que pour la *sécurité publique* et se trouve obligé, par l'étendue et la grandeur de sa tâche, d'être au moins habile.

« L'économie politique, a dit J.-B. Say, n'est plus une science de spéculation et de luxe, l'habileté est d'obligation ; et l'on peut hardiment prédire que tout gouvernement qui en méconnaîtra ou en méprisera les principes, est destiné à périr par les finances » (1).

Autrefois, quand les destinées des peuples étaient confiées à la volonté autocratique d'un homme, d'un roi, il fallait que ce roi, cet homme, — pour faire le bonheur des autres hommes qui s'appelaient sujets, — eût en lui-même tous les instincts de progrès, toutes les aspirations au bien de la portion de l'espèce humaine que les hasards de la naissance confiaient à sa direction, aussi, quand des rois ont pu comprendre un Sully, un Colbert, et couvrir de leur protection, aider de leur puissance les talents de ces *grands* hommes, ces rois aussi se sont appelés Henry-*le-Grand*, Louis-*le-Grand*.

De nos jours, et grâce aux conquêtes de la civilisation moderne sur le vieux monde, un ministre des finances n'a plus besoin, pour contribuer à l'aisance de son pays, d'être l'un de ces rares génies dont la nature, à de longs siècles d'intervalle, fait don au genre humain pour l'éclairer dans sa marche vers le progrès. Non, il suffit désormais à celui qui veut parcourir avec honneur cette carrière difficile, de deux choses : la connaissance approfondie (afin de savoir faire entre elles un

---

(1) J.-B. Say, *Œuvres diverses*, de l'Angleterre et des Anglais, page 217.

choix judicieux) de toutes les théories financières et surtout économiques, réunies de nos jours en corps de doctrine et mises par la publicité à la portée des études de chacun; puis, la connaissance exacte autant que possible du terrain sur lequel on opère, nous voulons dire du peuple auquel on doit appliquer ces théories. Le régime parlementaire peut seul pourvoir, dans une certaine mesure, à cette dernière connaissance (*).

(*) A cette heure surtout où la société haïtienne paraît aussi lasse de ses révolutions sanglantes et *stériles* qu'anxieuse d'une réforme radicale dans la façon de comprendre la politique de la part de ses gouvernants, on ne saurait trop recommander à ceux qui sont appelés à débattre les questions financières, soit au conseil des ministres, soit dans les chambres, de faire quelques efforts, de se donner réellement un peu de peine, pour acquérir sur ces questions de saines notions, sans lesquelles ils ne sauraient croire, — à moins d'une aveugle et injustifiable présomption. — à la rectitude de leur jugement, à l'efficacité de leurs plans.

En finances, pour nous servir de l'heureuse expression de M. Du Puynode, « toute mesure a des effets indirects qui dépassent souvent en importance ses effets directs. Là aussi, là surtout, il est des récoltes qui épuisent le sol. »

A notre avis, ce qu'il faut à la République d'Haïti, ce n'est point cette chose vague, réclamée sous le nom de *réformes administratives*, — mots sans cesse répétés et auxquels nul n'a encore songé à assigner un sens précis ; — ce qu'il nous faut, c'est la transformation persévérante de notre *routine financière* en *science financière*. Le but que la génération actuelle de notre pays doit se proposer et vers lequel il lui importe de marcher sans défaillances, c'est de se donner enfin un véritable *système financier* basé sur des théories saines, rationnelles, et surtout vérifiées par les expériences des nations les mieux civilisées.

PREMIÈRE PARTIE

Etudes sur l'Économie politique et la Science sociale.

PROLOGUE

La question financière soulève le problème social.

Le département des finances ayant dans ses attributions, comme il vient d'être dit, ces rapports directs et si délicats qui existent entre les peuples et leurs gouvernants, et qui naissent de la nécessité de prélever les *voies et moyens* du service public sur les ressources de la société, nous pouvons considérer l'administration financière comme le point de tangence où le cercle de la science politique touche au grand cercle de la science sociale.

La marche de l'esprit humain démontre assez clairement cette vérité, que c'est, en effet, la question financière qui, partout, a placé les nations en face de la question sociale.

Pour ne point fatiguer le lecteur par de trop nombreuses citations, qu'il nous soit permis de lui rappeler seulement, qu'en France, c'est-à-dire dans le pays le plus agité, le plus bouleversé par le problème social, celui-ci est sorti directement de la grande assemblée de 1789, qui, pourtant n'avait été convoquée que pour aviser aux moyens de restaurer les finances délabrées du royaume. Le malheureux Louis XVI était loin de prévoir que la discussion par les États généraux des causes de l'embarras financier de son gouvernement, pouvait entraîner celle de l'*organisation sociale* de la France. C'est pourtant ce qui devait arriver; car discuter la question financière, c'est nécessairement se placer sur le point de tangence. Si, partant de là, on parcourt le cercle entier de la politique pure sans trouver une solution, il est impossible que, revenant sans résultat au point de départ, l'on ne soit pas entraîné à pousser ses investigations dans l'autre cercle.

Une fois l'esprit lancé dans cette direction nouvelle, il ne tarde pas à reconnaître que là, en effet, se trouve la solution; il l'entrevoit, mais de nombreux obstacles l'en séparent. Il faut écarter ces obstacles; en d'autres termes, il faut résoudre tous les problèmes sociaux que soulève la question financière.

En un mot, ce que l'on a vu et bien clairement, c'est que l'aisance du gouvernement, c'est-à-dire la prospérité des finances, ne saurait exister sans la prospérité, l'aisance dans tout le corps social.

C'est ainsi que des embarras de finances ont été presque toujours le point de départ, la cause première des recherches, des investigations qui ont amené les penseurs du dix-huitième et du dix-neuvième siècle à soulever devant les nations civilisées de notre époque, tous ces grands problèmes sociaux que les controverses rendent de plus en plus épineux, de plus en plus effrayants.

Si, de toutes les théories qui en sont écloses, nous écartons les rêveries maladives de l'école dite du socialisme avec ses nombreuses ramifications : Communisme, Fouriérisme, Phalanstère, Crédit gratuit, etc., nous restons en présence de deux grandes doctrines opposées et entre lesquelles il semble que doive nécessairement choisir quiconque s'occupe de finances.

Le *libre-échange* et le *protectionnisme*. Le système de la concurrence illimitée et celui de l'association. La théorie de l'individualisme et celle de la solidarité.

Ce choix, il faut en convenir, n'est point aisé : car si, d'un côté, nous voyons la doctrine du libre-échange envahissant le domaine académique, le monde des savants titrés ; de l'autre, nous voyons partout les assemblées politiques résistant comme par instinct à cette théorie et faisant sans cesse des retours vers le protectionnisme. D'où l'on pourrait conclure également en faveur de l'une et de l'autre doctrine.

D'autre part, on pourrait admettre que, par l'exagération de la doctrine du protectionnisme, on est arrivé au socialisme. En effet, de ce que la société a besoin de protection, on pourrait conclure à une organisation sociale arbitraire où l'homme serait mis en tutelle, où son plus divin attribut, la responsabilité, le libre-arbitre serait supprimé. Conclusion qui ne serait autre que le despotisme le plus pur et le plus absolu. Mais le libre-échange, en exagérant à son tour le besoin non moins indispensable de liberté dans la société, conclut à la théorie économique du « laissez-passer », et de celle-ci, à la théorie politique du « laissez-faire » ; et, sous le prétexte d'une organisation sociale naturelle, il propose l'abolition de toute intervention gouvernementale dans la société. Conclusion qui n'est autre elle-même que la plus pure anomalie.

Voilà certes des raisons puissantes pour rejeter à la fois l'une et l'autre doctrine, car, entre le despotisme et l'anarchie, quel esprit éclairé, quel cœur généreux pourrait se résigner à faire un choix.

Cependant il le faut, ou du moins il faut trouver la vérité; elle est quelque part; il la faut trouver, car, comme l'a dit Frédéric Bastiat, « le problème social, c'est l'ombre de Banquo au banquet de

Macbeth, seulement ce n'est pas une ombre muette, et, d'une voix formidable, elle crie à la société épouvantée : « Une solution ou la mort (1) ! »

Marchant sur la trace des économistes modernes, j'ai longtemps cherché cette solution pour mon pays dans la doctrine du libre-échange. Mais en vain avais-je creusé toutes les théories de cette école ; en vain avais-je appelé toute ma volonté à l'aide de mon intelligence, pour m'efforcer de trouver vraies les célèbres lois de Malthus et de Ricardo, que je craignais de ne pas comprendre : je sortais troublé, découragé de ces pénibles épreuves, je sentais bien mon impuissance à réfuter Say, Malthus, Ricardo, Mc Culloch, Bastiat, Blanqui, Garnier ; cependant ma raison ne pouvait trouver dans les conclusions exagérées de leur école la solution du problème social, tel qu'il se dresse devant l'Haïtien désireux de voir son pays lancé dans les voies de la civilisation.

Le protectionnisme me semblait, de son côté, devoir aboutir à la négation de la propriété, c'est-à-dire au communisme. Et, comme Proudhon, comme tous ceux qui ont voulu voir sous toutes ses faces ce terrible problème social, je me retrouvais toujours en présence d'une *antinomie*, d'un système de contradiction.

En effet, ou la liberté poussée à l'extrême, une

---

(1) Fr. Bastiat, *Harmonies économiques*, page 2.

liberté absolue, illimitée, et l'on arrive à la consécration *sociale* de l'abus de toutes les inégalités naturelles; c'est l'abandon du faible à la violence du plus fort, c'est l'esclavage, c'est-à-dire la négation de la liberté même, pour le plus grand nombre; c'est l'affirmation du droit de la force; c'est l'anarchie, c'est-à-dire la négation de la société.

Ou bien un protectionnisme outré et s'étendant à tout, et l'on arrive forcément au communisme, à la négation de la propriété, au système égalitaire; ce qui aboutirait fatalement à l'annihilation de toute initiative, de toute activité intellectuelle, c'est-à-dire encore et toujours l'esclavage.

Que si l'on veut faire un éclectisme, trouver un juste milieu, on semble alors convenir qu'aucune *loi*, dans le sens scientifique de ce mot, ne préside à l'organisation sociale; qu'il n'existe aucun *principe* absolu, immuable.

Mais, dans le cours de mes laborieuses et incessantes études sur ces matières, j'eus un jour enfin la joie de trouver la lumière vive et pure dont j'avais besoin pour me guider vers la vérité tant cherchée. En rencontrant le livre malheureusement trop peu connu chez nous de l'illustre Carey (1), je me suis senti un point d'appui dans le monde savant. Que si je me trompe dans les convictions auxquelles je suis enfin parvenu, j'aurai

---

(1) H.-C. Carey, *Principes de la science sociale.*

du moins la gloire de m'être fourvoyé avec l'un des esprits les plus érudits, l'une des intelligences les plus vastes et les mieux cultivées dont puisse s'enorgueillir l'espèce humaine.

En suivant la méthode *à posteriori* de ce grand penseur; en cherchant la solution des questions sociales dans la philosophie de l'histoire; en observant la société dans les différents états qui ont marqué les progrès de la civilisation à travers les âges, un premier, un grand fait a fixé mon attention, c'est que, si loin qu'on remonte dans le passé, on ne trouve nulle part une société quelconque dont l'organisation eût pour base un système d'égalité absolue, ou d'absolue liberté. Il n'y eut jamais une société où tout fût permis à chacun, où l'on eût tout *laissé faire*, ni une société où l'on eût tout réglé, ordonné en vue d'égaliser les biens et les maux entre les citoyens.

En un mot, il n'existe pas plus d'exemple historique à consulter d'une application rigoureuse de la doctrine économique résumée par ces mots : *Laissez faire*, que de celle qui se trouve renfermée dans le célèbre paradoxe de Proudhon : *La propriété, c'est le vol.*

Le *protectionnisme*, au contraire, a pris naissance avec le *premier gouvernement*, c'est-à-dire avec la *société* elle-même.

C'est par suite de cette observation, d'une importance bien plus considérable qu'il ne semble au premier abord, que j'ai pu arriver à me convaincre que ce n'est que par une erreur de dialectique qu'il existe encore entre les économistes contemporains des divergences assez profondes de conclusions pour maintenir l'existence des deux écoles en apparence opposées du libre-échange et du protectionnisme.

Cette erreur provient de l'étroitesse du terrain sur lequel, dans l'intérêt même de la science, on a cru devoir engager le débat. On a tenu, — en vue de constituer un corps de science sous le nom d'économie politique, — à se montrer d'accord sur les points *essentiels* (?) en réduisant la polémique entre le libre-échange et le protectionnisme à une simple question de douane. Y aura-t-il, n'y aura-t-il pas des droits de douane? Mais cette question, insignifiante en apparence, est au fond assez grosse de graves conséquences pour être cause, — tant qu'on n'en trouvera pas une solution *satisfaisante* pour tous, — du maintien de cet autre point d'interrogation qui se dresse encore dans la *conscience* des savants : L'économie politique est-elle une science?

C'est qu'en effet, en opposant l'un à l'autre ces deux principes dont l'un, la protection, se retrouve dans l'idée adéquate de gouvernement, et l'autre, le libre-échange, dans celle de liberté, on a créé une antithèse qui n'est ni dans la nature des choses, ni dans la conception métaphysique des idées de *gouvernement* et de *liberté.*

Etant données les *inégalités* naturelles, il n'y a de *liberté* dans l'état d'anarchie que pour les plus forts, les faibles sont esclaves. Mais comment affranchir le faible de cette oppression du fort? En créant, comme il a été dit plus haut, une force collective pour la *protection* de tous sans distinction; en traçant les limites au delà desquelles la liberté d'un citoyen porte atteinte à la liberté d'un autre; en créant, sous le nom de gouvernement, une puissance capable de contraindre chacun à rester dans ces limites. En un mot, en *organisant la société* en vue de rétablir devant la loi et au nom de la justice l'*égalité politique* qui ne peut être autre chose que le droit de tous à une égale liberté.

Ainsi, chose étrange, ces deux grandes idées, la liberté et l'égalité, qui constituent le fondement de tous les principes démocratiques de notre époque, et, par conséquent, de la brillante civilisation du dix-neuvième siècle, éclose de ces principes, ces deux idées se trouvent à la fois parfaitement opposées l'une à l'autre, en même temps qu'elles se prêtent un tel appui que, sitôt qu'on les sépare, elles n'offrent plus à l'esprit que des notions contradictoires.

Liberté. — Principe idéal de l'*individualisme*, c'est l'état de l'homme replié sur lui-même, dégagé de tout lien social, de toute entrave conventionnelle; face à face avec la nature, il ne relève que de sa volonté, ne doit compte de ses actions qu'à sa conscience. Mais il n'est pas *seul* sur la terre, il y coudoie d'autres hommes qui, comme lui, maîtres de leurs actions, sont néanmoins soumis, comme lui, à la nécessité de pourvoir à des besoins impérieux et auxquels on ne peut satisfaire sans peine, sans efforts. A ce point de départ de l'humanité (l'individualisme), où l'on s'obstine à vouloir nous ramener par d'absurdes déclamations sur la liberté, si les forces étaient *égales* entre les hommes isolés dans leur individualité, chacun resterait soumis à sa part de peines et d'efforts, tous subiraient *également* la loi du travail. Le *bien* régnerait sans partage sur la surface de notre planète, et la *justice* y serait, par la seule nature des choses, perpétuellement et universellement pratiquée. Mais les forces, les facultés générales de chaque individu, étant inégales, il en devait résulter fatalement l'apparition du *mal* sur la terre : chacun, à l'origine, a dû chercher autant que possible à diminuer sa part de peine et d'efforts, en augmentant celle d'autrui; en d'autres termes, chacun a dû chercher par l'emploi de la force ou de la ruse à vivre du travail des autres, à se faire des *esclaves*. Dans cet état primitif d'*absolue liberté*, les faibles succombant à la violence des forts, sont donc *privés* de toute *liberté*. Rois et sujets, patriciens et plébéiens, nobles et vilains, maîtres et esclaves, voleurs et volés, l'histoire de l'humanité, sous ces noms divers, ne peut jamais nous offrir qu'un seul et même tableau : Celui de l'asservissement des faibles par les forts, comme conséquence de la liberté primitive. Le *mal* est inexorable, fatal, dès que l'*individu-humain* est abandonné à lui-même, c'est-à-dire aux conséquences des inégalités naturelles, au régime du droit de la force. Supprimez le gouvernement, affranchissez tous es citoyens du joug de la loi, réalisez enfin l'anarchie, vous n'aurez rien créé de nouveau, vous aurez seulement fait rétrograder l'humanité de quelques siècles, vous aurez ressuscité la féodalité, qui engendrerait de nouveau la monarchie absolue : Régime du bon plaisir des forts; puis, régime du bon plaisir du plus fort. Ainsi la liberté tue la liberté; ainsi, la liberté, c'est l'esclavage.

Quelque paradoxale que paraisse cette conclusion, elle n'en défie pas moins la réfutation; elle n'en est pas moins d'une vérité mathématique. Cette contradiction de l'idée d'une absolue liberté avait été entrevue avant nous par J.-J. Rousseau, qui, le lecteur doit s'en souvenir, affirmait que « pour être complétement libres, les citoyens doivent avoir des esclaves, » c'est-à-dire que la liberté absolue est un rêve d'utopistes.

Egalité. — Principe idéal de la démocratie, c'est le fondement de l'organisation politique, c'est l'affirmation du droit, de la justice, c'est l'état non plus de l'homme-individu, mais de l'homme social, qui renonce à l'égard des plus faibles aux avantages que lui conféraient les inégalités naturelles, pour s'affranchir de la sujétion où le placeraient ces mêmes inégalités naturelles envers les plus forts; c'est le premier mot de l'intervention de l'esprit humain au milieu des inégalités naturelles, c'est le mot d'ordre du rétablissement au sein de l'humanité de l'équilibre des forces.

Le principe de l'égalité venant ainsi à la suite de la liberté, corrigeant la contradiction de celle-ci, on conçoit que des esprits éminents aient pu se fourvoyer, par ce raisonnement que la liberté absolue étant synonyme d'esclavage et n'étant corrigée que par l'intervention du principe de l'égalité, le but idéal vers lequel marche le genre humain, devrait être une égalité absolue entre tous les hommes, de la jouissance possible, aussi bien que de la peine et de l'effort, soit en langage économique : égalité de consommation et égalité de travail entre tous les membres de la société, c'est le rêve de ce qu'on est convenu d'appeler le socialisme moderne. Tout a été dit sur les conséquences anti-civilisatrices de cette exagération de l'idée d'égalité; on a cent fois prouvé que l'égalité ainsi comprise n'était possible qu'au sein d'une commune misère, d'un dénûment général, qu'enfin une législation qui tenterait la réalisation d'une telle utopie ne ferait que consacrer dans l'organisation sociale un privilége en faveur de l'ignorance et de la paresse, c'est-à-dire la plus *révoltante inégalité* qui se puisse imaginer.

Ainsi parvenons-nous à ces conclusions étranges, mais profondément vraies : La liberté poussée à l'extrême tue la liberté, tue l'égalité. L'égalité absolue tue l'égalité, tue la liberté.

On épuiserait la liste des idées qui forment le domaine ouvert aux spéculations de la pensée, qu'on n'en trouverait point deux autres dont l'antithèse soit plus tranchée, plus évidente, ni mieux démontrée que celle qui vient d'être établie entre la liberté et l'égalité.

Aussi ne saurions-nous trop le répéter, ce qui est opposé au *libre-échange*, à cette utopie de l'individualisme, de la liberté absolue, qui aboutit à la consécration théorique du retour aux conséquences des inégalités naturelles, *au droit* d'us et abus de la *force individuelle*, ce n'est pas le protectionnisme, le principe de gouvernement, la théorie de l'ordre social, mais bien le communisme, l'utopie socialiste ou égalitaire qui tend à l'absorption de l'individualité dans la collectivité et aboutit à l'anéantissement de la liberté par la consécration théorique du droit d'us et abus de la *force collective*.

Or, nous avons vu que la contradiction qui fait une chimère de la liberté sans égalité, aussi bien que de l'égalité sans liberté, cette contradiction disparaît dès que nous associons ces deux idées, dès que nous les complétons l'une par l'autre. Nous pouvons donc affirmer que le but réel vers lequel marche l'humanité, le vrai moteur de la civilisation toute démocratique de notre époque, c'est le perfectionnement de la combinaison de ces deux principes.

Quelle est l'exacte proportion dans laquelle il convient d'admettre la liberté et l'égalité dans l'organisation sociale pour atteindre à l'équilibre naturel de l'homme sous son double aspect d'unité et de collectivité, d'être individuel et d'être sociable ?

Telle est, croyons-nous, la vraie formule de ce que l'on peut appeler le problème social.

La solution du problème ainsi formulé sera la réalisation de cette grande synthèse : *la Justice*, qui est non point un idéal, une utopie irréalisable, mais bien le *but pratique* vers lequel le christianisme a fait faire déjà tant et de si grands pas à l'humanité ; c'est, nous l'avons dit, le point culminant auquel devra parvenir la civilisation pour faire disparaître les sanglantes discordes et assurer, entre tous les membres de la famille humaine, une harmonie aussi parfaite que puisse permettre la nature de l'homme.

Quel sera l'instrument humain de la solution de ce problème social? Dans quel creuset devra se faire la fusion de la liberté et de l'égalité pour la production de ce grand composé humanitaire que nous nommons la Justice? Ce merveilleux instrument existe, il est à notre disposition depuis l'origine du monde, chacun l'a déjà nommé, c'est *la loi*. Perfectionnons cet instrument, faisons que la loi, formule des obligations de l'homme envers l'homme, soit en même temps la formule de la *justice absolue*, et nous aurons résolu le problème social.

La loi est imparfaite, elle est *injuste* lorsqu'elle admet la liberté dans une proportion telle qu'elle devienne exclusive de l'égalité. Elle serait également imparfaite, injuste, si on parvenait à y faire entrer une dose d'égalité assez forte pour rendre la liberté impossible.

Essayons maintenant de trouver la formule de cette synthèse, de tracer les limites respectives au delà desquelles la liberté et l'égalité deviennent incompatibles avec la justice.

Il existe, avons-nous dit, inégalité naturelle des forces entre les hommes. Les moyens physiques et intellectuels dont dispose l'humanité dans sa grande lutte contre la nature extérieure, diffèrent profondément d'un individu à un autre. Que chacun, dans cette lutte pour l'existence, puisse user, à son seul profit, librement et sous sa responsabilité naturelle, de toutes ses facultés, il arrivera que les inégalités de bien-être, d'aisance, de fortune entre les membres de la société, se produiront dans les mêmes proportions que les inégalités naturelles des forces, des moyens de chacun.

Les inégalités de fortune, quand elles n'ont que cette origine, sont légitimes, elles sont *justes*, car elles ne sont que la manifestation, la forme sensible d'un phénomène naturel, d'une loi de la création à laquelle il ne nous est permis de rien changer. Dieu a-t-il été juste ou injuste en créant les inégalités naturelles d'où découlent les inégalités sociales? Question chimérique, rêverie d'utopiste dont la science n'a que faire. Inventaire des connaissances humaines, exposé de ce qui *est*, la science n'enregistre que des faits positifs. Laissant à la conscience du croyant la foi en Dieu, la crainte ou l'espérance d'une *justice divine*, elle ne recherche que les éléments de la *justice humaine*. Il y a des paresseux et des laborieux, des imbéciles et des hommes de génie, des faibles et des forts. Ainsi le veut la nature. Vous ne pouvez, sans *injustice*, soumettre le fort au régime du faible; priver du bien-être celui qui a les moyens de l'acquérir, parce que d'autres ne le peuvent ou ne le veulent. Pourquoi produirais-je comme trois si j'étais condamné à ne jamais consommer que comme un? — Il y a là une loi de nature qu'il en nous est point donné de fléchir. L'esprit humain peut subjuguer les forces de la nature, leur imprimer telle direction suivant laquelle elles arrivent à produire la plus grande somme d'utilité; mais il n'est point en notre pouvoir de modifier la création, de changer la nature des choses.

Ainsi donc, pour réaliser la liberté, la loi devra *protéger* l'homme-*individu* et lui assurer le libre usage de tous ses moyens dans la lutte contre la nature et pour le progrès; elle devra le *protéger* dans la libre jouissance du bien-être *individuel* qui est le but de toutes ses aspirations, le mobile de tous ses efforts, la perspective sans laquelle la mesure du travail de chaque membre de la société serait donnée par le plus incapable, le plus fainéant, le plus lâche. La garantie assurée à chacun, par la loi, de la libre disposition de sa personne, de ses facultés, de son travail et surtout des fruits de son travail, en un mot la *garantie* de la *propriété* par la force publique, sa protection, sous quelque forme qu'elle se présente, du génie de l'homme, de ses muscles, jusqu'au toit qui abrite sa famille, telle est, au nom de la *liberté*, la limite que la *justice* ne saurait permettre à l'*égalité* de franchir.

Ici la loi, c'est donc la *protection*, protection de l'intelligence, du génie, de l'activité, du courage, de la persévérance, en un mot, de l'*industrie* de chaque citoyen contre les tendances égalitaires, contre la force brutale des masses ignorantes et communistes.

Au nom de l'égalité, la loi n'est pas tenue seulement d'être une pour tous, d'obliger également et indistinctement tous les citoyens, mais encore elle doit prévenir le parasitisme dans la société, elle doit empêcher qu'il ne se produise dans le bien-être des citoyens d'autres inégalités que celles qui résultent de l'inégalité des moyens naturels propres à chacun; elle doit prévenir toute combinaison, si subtile qu'elle soit, de la force ou de la ruse tendant à faire tourner au profit d'un ou de plusieurs individus le bien-être, la richesse créée par le travail d'un ou de plusieurs autres individus. Ici, encore, la loi, c'est la *protection;* protection du faible contre le fort. C'est la force collective réprimant les abus auxquels invite, pour ainsi dire, l'inégalité des forces naturelles, individuelles. Ici, enfin, la loi, c'est la garantie de la *sécurité* de tous.

Ainsi, la *protection* de la *propriété,* limite du droit à *l'égalité,* la *protection* de la *sécurité,* limite du droit à la *liberté,* tels sont, croyons-nous, les éléments de la *justice* à laquelle il nous est permis d'atteindre.

Ordre public, organisation sociale, loi, gouvernement, tous ces termes sont équivalents à celui de *protection,* qui est à son tour la forme sensible pratique, si l'on peut ainsi dire, de la justice tenant la balance entre la liberté et l'égalité.

Gouverner, c'est donc *protéger*.

Voilà pourquoi un système d'absolue liberté, un régime qui réaliserait l'idéal de ces mots « laissez faire », est incompatible avec l'existence d'une forme quelconque de gouvernement. Voilà pourquoi un tel régime ne s'est point vu dans le passé ni ne se réalisera jamais dans l'avenir. — Le premier et le dernier mot de cette utopie, c'est la suppression de tout gouvernement, c'est la négation de la société elle-même. Aussi les libres-échangistes, — qui, comme tous les utopistes d'ailleurs, endossent même les conséquences les plus absurdes plutôt que de renoncer à un *système* pour rentrer dans la vraie science, — ont-ils dû inscrire sur leur drapeau, à côté de la maxime « *laissez faire* », celle-ci : « *gouverner le moins possible* », c'est-à-dire « ne pas gouverner du tout ».

Pour ne point admettre cette conséquence extrême, mais tellement absurde qu'on ne saurait l'affirmer d'une manière positive, l'école libre-échangiste (qui serait plus correctement désignée par la dénomination d'école individualiste), cette école a préféré se laisser convaincre d'inconséquence. Elle nie tour-à-tour, tantôt que la société ait besoin de protection, et partant de gouvernement, et tantôt qu'elle puisse se passer de sécurité, c'est-à-dire de gouvernement, — comme si la *sécurité* pouvait être obtenue autrement que par la *protection* d'un *pouvoir* tutélaire, veillant également sur tous et sans cesse occupé à prévenir le *mal*.

« La science politique, écrivait F. Bastiat (le plus ardent polémiste de l'école libre-échangiste), la science politique consiste à discerner ce qui doit être ou ce qui ne doit pas être dans les attributions de l'État, et pour faire ce grand départ, il ne faut pas perdre de vue que l'État agit toujours par l'intermédiaire de la force. Il impose tout à la fois et les services qu'il rend et les services qu'il se fait payer en retour sous le nom de contributions.

« La question revient donc à ceci : Quelles sont les choses que les hommes ont le droit de s'imposer les uns aux autres *par la force?* Or, je n'en sais qu'une dans ce cas, c'est la *justice*. Je n'ai pas le droit de *forcer* qui que ce soit d'être religieux, charitable, instruit, laborieux ; mais j'ai le droit de le *forcer* à être *juste*, c'est le cas de légitime défense.

« Or, il ne peut exister dans la collection des individus aucun droit qui ne préexiste dans les individus eux-mêmes. Si donc l'emploi de la force individuelle n'est justifié que par la légitime défense, il suffit de reconnaître que l'action gouvernementale se manifeste toujours par la force, pour en conclure qu'elle est essentiellement bornée à faire régner l'ordre, la sécurité, la justice » (1).

Il résulte de cette définition de la mission du gouvernement, que,— comme la société ne peut se maintenir, se développer sans l'ordre, la sécurité et la justice, — le gouvernement qui lui assure, ou plutôt *qui doit lui assurer* ces avantages, est lui-même un élément social régi par des *lois naturelles* que la science sociale doit exposer; qu'elle ne peut éliminer de son cadre sans être incomplète elle-même, sans offrir, si on peut ainsi parler, des solutions de continuité dont le résultat aura été de diviser en plusieurs tronçons une seule et même science; d'où, sans nul doute, ces conclusions divergentes et parfois si opposées que, malgré les recherches immenses des écrivains de toutes les écoles, des adeptes de toutes les doctrines, on peut hardiment avancer que toutes les questions sociales dressent encore leurs terribles points d'interrogation devant les nations civilisées du dix-neuvième siècle.

Il est clair que d'après la théorie même de Bastiat il n'est pas plus scientifique de dire : « Il faut gouverner le moins possible », que d'affirmer « qu'il faut gouverner le plus possible. » Il y a entre ces deux extrêmes des limites que la *science* doit marquer et qu'elle ne saurait permettre de

---

(1) Fr. Bastiat, *Harmonies économiques*, page 17.

franchir, ni dans un sens ni dans l'autre; limites au delà desquelles la société ne saurait se tenir, sans rendre stériles ses efforts pour atteindre au bien-être, à la civilisation; sans compromettre l'Ordre, la Sécurité, la Justice.

Ainsi que l'a démontré Carey, le gouvernement est au nombre des spontanéités les mieux constatées par la science. Nous ne saurions concevoir l'existence de la société sans gouvernement, pas plus que nous ne puissions concevoir un certain nombre d'hommes vivant à côté les uns des autres sans se parler, s'aimer, se haïr, se combattre, s'entr'aider, mais se privant, au contraire, de tout commerce et s'isolant complétement dans leur individualité.

Le gouvernement est la conséquence naturelle de la sociabilité de l'espèce humaine.

Partout, en effet, où des familles, des tribus de la race humaine se sont réunies sur un point du globe pour jouir en commun d'une riche vallée, d'un heureux site, ou même d'un roc aride (comme ça été le plus souvent le cas à l'origine des sociétés) dont le principal mérite était de leur assurer une plus grande sécurité, un moyen de défense contre les attaques des animaux sauvages, des hordes vagabondes ou des tribus ennemies, l'histoire nous les montre cédant à l'impérieuse nécessité de confier à la direction de quelques-uns des soins dont l'intérêt s'étend à tous, mais dont tous ne sauraient s'acquitter à la fois.

Telle est l'origine de la société, telle est l'origine du gouvernement. Ainsi, les familles en se groupant ont formé des tribus; les tribus, des peuples; ainsi les droits et les devoirs du père et chef de la famille se sont accrus dans le patriarche de la tribu et se sont étendus, à mesure que la société grandissait, jusqu'à former « ces machines compliquées des temps modernes qu'on nomme les gouvernements ».

Cependant, l'économie politique moderne, — suivant en cela la voie tracée par J.-B. Say et renonçant à la prétention de renfermer dans son cadre toute la science sociale, pour se borner à traiter de la seule branche de cette science qui se rapporte aux phénomènes relatifs à la richesse, — a cru devoir écarter de son domaine toute étude spéciale des attributions du gouvernement et s'en tenir à cet égard à de simples généralités. C'est une erreur qui devait la conduire et qui l'a conduite, en effet, à *nier* le gouvernement en affirmant que son influence directe ou indirecte ne pouvait qu'être fatale à la production des richesses.

Mais l'école libre-échangiste, en niant le gouvernement au nom de l'économie politique, ne s'aperçoit pas qu'elle nie la *société politique*, dont le gouvernement n'est en somme que la manifestation, la forme sensible, réelle ; qu'elle nie en même temps la science sociale, et nie par conséquent dans ce grand tout la science même de l'économie politique qui n'en est que la partie.

Le gouvernement, — qu'il nous soit permis d'insister encore sur ce point,— le gouvernement n'est que la formule, le mode, la manière d'être de l'organisation sociale ou politique. En disant, par exemple, que l'organisation sociale ou politique de tel pays donné est supérieure ou inférieure à celle de tel autre pays, que veut-on dire? — Que le *système* des rapports établis entre les gouvernants et les gouvernés est supérieur ou inférieur dans l'un de ces deux pays à celui qui est adopté et suivi dans l'autre. Que le *gouvernement* de l'un de ces deux peuples est plus ou moins rationnel que le *gouvernement* de l'autre. Mais comment établir une telle comparaison, à quoi faut-il rapporter la notion et la pratique gouvernementale des deux peuples pour reconnaître la supériorité ou l'infériorité d'un système comparé à l'autre? — Aux données de la science sociale, qui devient ainsi la *science du gouvernement de l'homme en société.*

Maintenant, quelle est la matière rationnelle de cette branche de la science sociale qui, sous le nom d'économie politique, traite des richesses sociales, de leur production, de leur distribution, de leur consommation? — Ce serait, d'après ce qui précède, d'établir la place que doit occuper, dans l'organisation sociale, *dans le gouverne-*

ment de la société, la question des richesses; — en d'autres termes, ce serait de déterminer scientifiquement la nature, les limites, les effets de l'action que *doit* exercer le gouvernement sur la production, la distribution et la consommation des richesses.

Ainsi entendue, l'Économie politique devient la science des rapports du gouvernement avec la production et la circulation des richesses. C'est une subdivision de la science politique proprement dite, de cette science du gouvernement qui est la branche principale de la science sociale, ce tronc commun de toutes les branches des connaissances humaines classées sous le nom de sciences morales et politiques.

Que les libres-échangistes, acceptant ici encore toutes les conséquences de leur doctrine, veuillent dégager l'Économie politique de tout lien avec la science politique pour considérer la richesse, abstraction faite du gouvernement, de l'organisation sociale et politique, et simplement dans sa production par les procédés agricoles ou manufacturiers et dans sa circulation par le commerce; alors, ils ne font plus ni science politique, ni science sociale, — ces termes étant inséparables de l'idée du gouvernement de l'homme en société. — L'économie politique ainsi entendue ne mériterait plus le nom de science, et ne pourrait prendre rang parmi les connaissances humaines que sous la forme d'une encyclopédie, d'une technologie générale des arts et métiers.

N'est-il pas vraiment étrange que tous les économistes de cette école aient ainsi glissé sur cette observation si remarquable, et qui ressort si pleinement de la philosophie de l'histoire, que partout les gouvernements ont pris naissance en même temps que les sociétés, aussi bien dans le temps que dans l'espace?

On fait de l'économie politique, on fait de la *science*, lorsqu'on admet la notion du gouvernement, lorsqu'on reconnaît l'utilité, la nécessité d'une *force* collective ayant pour mission de pourvoir au besoin de *protection* qui résulte pour chacun des inégalités naturelles; d'une force tutélaire sans cesse occupée à tenir le *mal* en échec; à faire « régner dans la société l'ordre, la sécurité, la *justice* ». Mais on sort de la science, on est dans l'erreur, on fait en un mot de l'utopie lorsque, niant le *mal*, on refuse de reconnaître le besoin de *protection* et par conséquent de gouvernement.

Nous reviendrons ailleurs sur la contradiction que comporte la dénomination d'*économiste-libre-echangiste*, et établirons la preuve de cette contradiction dans un chapitre spécial où nous espérons prouver, jusqu'à l'évidence, que toutes les autorités, tous les maîtres de la science économique, sitôt qu'ils ont perdu de vue cette théorie de l'individualisme, cette séduisante utopie du libre-échange, et que, rentrant dans la vraie science, ils en exposent les principes et en tirent les conséquences ; tous redeviennent aussitôt *protectionnistes*.

Pouvait-il en être autrement?

Prenons la définition des attributions du gouvernement, donnée par F. Bastiat et rapportée ci-dessus; quelle en est la conséquence la plus directe?

Si la mission du gouvernement est d'empêcher le fort de pressurer le faible, de vivre à ses dépens ; d'empêcher celui qui ne travaille point de voler celui qui travaille; de forcer les individus qui ne *produisent* rien à respecter, à ne point détourner à leur profit, par violence ou par ruse, les *produits* créés par le travail d'autrui ; de garantir enfin la sécurité, l'ordre, la justice à la société tout entière, en opposant la *force de tous*, déposée entre ses mains pour cette œuvre, à toute *force* ou collective ou individuelle, ou matérielle ou intellectuelle qui pourrait menacer la propriété et la sécurité soit de la société, soit de l'un quelconque de ses membres.

Si c'est bien ainsi qu'il faut entendre la pensée de Bastiat, n'est-il pas vrai que d'après lui-même toutes les attributions du gouvernement se résument dans ce seul mot : *protection ;* que la mission naturelle qu'il est appelé à remplir, son *devoir* et non point son *droit*, c'est de PROTÉGER, — dans le sens le plus large, le plus absolu de ce mot, — tous les individus, tous les intérêts dont l'ensemble constitue ce grand tout que nous nommons la société, la nation !

Dès lors, n'est-il pas évident que la notion du gouvernement étant admise dans le cadre de la science économique, celle-ci doit aboutir de toute nécessité au *protectionnisme*, c'est-à-dire à la ruine de la doctrine libre-échangiste, qui n'est que la conséquence logique de la séparation qu'on a eu le tort de vouloir faire des deux idées les plus indissolublement liées, les plus complétement inséparables : l'idée de société et celle de gouvernement.

Il resterait à savoir, si nous ne nous trompons point, si Bastiat ne se trompait pas lui-même dans la *necessite* que nous reconnaissons à l'existence du gouvernement.

Or, pour prouver une telle erreur de notre part, pour démontrer que les hommes en société n'ont pas besoin de gouvernement, c'est-à-dire de protection, il faudrait prouver que le MAL n'existe point ; qu'aucun homme n'a jamais répugné à vivre de son travail, n'a jamais songé à s'approprier les fruits du travail d'autrui par la force ou par la ruse, par le vol à main armée, par le favoritisme gouvernemental, par des *privileges*, des *monopoles* concédés par l'autorité ou *acca-*

parés par la force des capitaux, — par la spoliation sous ses millions d'aspects, tantôt agissant à face découverte et tantôt se déguisant soigneusement sous une trompeuse apparence d'utilité publique. — Il faudrait prouver que la conquête est un mot vide de sens, que les nations fortes n'ont jamais asservi, dépouillé les plus faibles; que les puissances maritimes n'ont jamais fondé de colonies pour les exploiter; que les blancs d'Europe n'ont jamais enlevé des nègres et des coolies sur les côtes de l'Afrique et de la Chine, pour les réduire en esclavage dans le Nouveau-Monde; que les Anglais n'ont pas ruiné les populations autochthones d'Irlande et des Indes; qu'il n'y a point de Russes en Pologne; que les Espagnols n'ont point anéanti jusqu'aux derniers vestiges des aborigènes de l'île d'Haïti; que Napoléon n'a jamais existé; que Jésus-Christ n'a pas été crucifié.

Et jusqu'à ce qu'on ait fait ces preuves, il restera évident que les hommes ne sauraient s'organiser en corps de nation, en société politique, autrement qu'en formulant leur mode de *gouvernement*, en créant sous ce nom de *gouvernement*, — pris comme par excellence et déterminant spécialement le personnel administratif, — une FORCE PUBLIQUE, ayant pour mission de les PROTÉGER, de garantir contre tout abus leurs personnes et leurs biens: d'assurer parmi eux la Liberté et l'Égalité, la Propriété et la Sécurité, la Justice enfin.

Il restera évident que les idées exprimées par les mots *Ordre*, *Gouvernement*, *Société*, *Justice*, même *Liberté*, sont exclusives de la pensée, — du moins dans un sens absolu et sans *restriction*, — qu'expriment ces aphorismes : Laissez faire, Laissez passer.

Sans doute, il faut la liberté aux hommes ; sans doute, ils sont criminels, infâmes, odieux, ces *tyrans* qui, spoliant et prostituant tout à la fois le nom de *gouvernement*, mettent leur volonté, leurs passions cupides ou sanguinaires à la place de la *Loi*, dont la sévère exécution est la seule raison d'être des gouvernements véritables ; sans doute, on ne saurait trop les flétrir, ces monstres qui extorquent l'argent des peuples pour solder le bon plaisir, les jouissances qu'ils substituent à la liberté, à la sécurité, à la justice, à tous les droits pour la jouissance desquels les hommes s'organisent en société politique et entretiennent un personnel administratif.

Nous l'accordons sans peine ; la liberté, quand on la réduit à ce cadre de l'opposition à la tyrannie des hommes qui abusent au profit de leurs caprices, de leur vanité et de leurs passions, d'une autorité qui ne peut être légitime que lorsqu'elle s'exerce pour la protection de tous, la liberté ainsi entendue n'admet point de restriction. A Dieu ne plaise, tant que nous aurons vie et force, tant que nous pourrons parler ou écrire, qu'il manque jamais des accents à notre voix, des arguments sous notre plume pour revendiquer, pour défendre cette liberté.

Mais dans les relations légitimes des citoyens entre eux, il y a, — ne nous lassons point de le répéter, — des limites que la liberté ne saurait franchir sans changer aussitôt de nom. On ne doit pas être libre, gouvernement ou gouverné, d'abuser de sa force pour vivre en imposant tribut à autrui. Cela est contraire à la justice; et, la nécessité de prévenir cet abus, de *restreindre* la liberté d'action des plus forts, de les *contraindre* à n'user de leurs moyens que dans la lutte que nous sommes obligés tous de soutenir contre la nature et pour notre existence; cette nécessité de *protéger* le faible, de garantir la justice à tous est reconnue et admise par tous les économistes comme le fondement de toute organisation sociale, la raison d'être de tout gouvernement.

Eh! pourtant, en tant que libres-échangistes, ces mêmes économistes, tout en nous enseignant les vérités qui viennent d'être exposées, se récrient contre les mots : restriction, contrainte, protection, gouvernement, les déclarent antipathiques à la justice qui en est pourtant la cause originelle, funestes à la prospérité des nations, du moins lorsqu'il s'agit de *protéger* l'industrie, les travailleurs nationaux dans les relations commerciales avec d'autres peuples plus puissants par leurs capitaux ou par leurs progrès industriels ou simplement par un système d'organisation intérieure où toute la classe ouvrière est sacrifiée, abandonnée à la misère la plus abjecte, à la spoliation la plus révoltante, pour créer le bon marché des produits, l'arme qui doit servir entre les mains des chefs d'entreprises industrielles ou commerciales à anéantir l'industrie des autres peuples !

Y aurait-il des catégories dans l'injustice? Y aurait-il donc « des droits préexistants dans les individus eux-mêmes qui disparaissent ou cessent d'exister dans la collection des individus » ?

Lorsqu'une classe de citoyens, plus forte par ses lumières et en capitaux, en pressure une autre que le dénûment et l'ignorance mettent à sa discrétion, ou lorsque cet abus a lieu d'une nation à une autre, quelle peut être, en principe, la différence entre l'abus de telles forces que l'on prétend justifier, légitimer au nom de la science, et l'abus de la force brutale dont on permet la répression d'individu à individu, au nom de la même science?

Gouverner, c'est *proteger*.

Nous croyons avoir suffisamment démontré cette vérité. Examinons maintenant la valeur des arguments sur lesquels repose le système qui prétend soustraire l'industrie nationale à la protection du gouvernement. Voyons en quoi consiste la théorie économique du *libre-échange*, puis nous chercherons ensuite si un *protectionnisme rationnel*, un système gouvernemental visant au développement de l'industrie, des progrès en tout genre de la nation ou de toute autre association politique, ne découle point des données de la science.

PREMIÈRE DIVISION

EXAMEN DU SYSTÈME ÉCONOMIQUE DIT DU LIBRE-ÉCHANGE

CHAPITRE PREMIER

ORIGINE DE LA SECTE TOUTE RÉCENTE DES LIBRES-ÉCHANGISTES

ET

EXPOSÉ DES THÉORIES ÉCONOMIQUES

INVOQUÉES A L'APPUI DE LEUR SYSTÈME.

Nous ne nous dissimulons point qu'en arborant pour ainsi dire dès le début de ce travail le drapeau du protectionnisme, en nous mettant ainsi en opposition avec le système économique du libre-échange, qui est aujourd'hui le plus en vogue, sinon dans toute l'Europe, du moins en France, c'est-à-dire dans le pays avec lequel le nôtre a le plus de contact intellectuel, grâce à la similitude du langage, — nous assumons la lourde et pénible tâche de convaincre des lecteurs peut-être déjà prévenus contre nos conclusions.

Nous ne reculons point cependant devant cette tâche; nous nous y dévouons au contraire. Mais le lecteur voudra-t-il bien nous suivre jusqu'au bout? Aura-t-il la patience, et jusqu'à un certain point l'impartialité, de consacrer à ces études le temps et l'attention que réclame une lecture où la pauvreté du style ajoute encore à l'aridité de la matière?

Nous osons attendre ce courage de la part de ceux de nos concitoyens qui conservent encore quelque amour, quelque pitié de notre malheureuse autant qu'ingrate patrie, dont notre unique but est d'essayer de dégager l'avenir.

Il ne suffit point que nous disions, — comme au chapitre qui précède, — que gouvernement signifie protection, pour faire surgir dans notre pays un système protecteur rationnel, efficace. Il faut encore montrer comment doit s'entendre le protectionnisme tel que nous le concevons et en quoi il diffère du libre-échange.

Protection! libre-échange! Combien y en a-t-il, en effet, parmi les personnes qui répètent ces deux mots le plus souvent et avec le plus d'assurance, combien y en a-t-il qui aient assez étudié les questions politiques et sociales pour avoir pu bien comprendre et pour savoir bien apprécier les points de dissidence, le véritable terrain où s'est engagée la polémique encore pendante entre les partisans des deux systèmes?

C'est dans la patrie d'Adam Smith, c'est au sein de la vieille Angleterre que l'écrivain doit transporter ses lecteurs, toutes les fois qu'il veut leur faire étudier à leur foyer principal les mouvements économiques du monde contemporain.

C'est là que le système prohibitif, à force d'être exagéré, a pu mériter l'indignation des autres nations et leur inspirer des représailles; c'est là que, dépassant pour ainsi dire la limite des droits d'un peuple, ce système a cessé d'être un instrument de prospérité intérieure pour devenir un système inique d'oppression du faible par le fort; pour devenir la cause ou plutôt le prétexte des crimes internationaux les plus barbares, des outrages les plus révoltants contre les droits de l'homme et surtout contre le droit des gens, des abus les plus odieux de la force armée de la plus grande nation maritime du globe contre les nombreux Etats disséminés sur les mers de l'Ancien et du Nouveau Monde.

L'Irlande, offrant au monde étonné le navrant spectacle d'un peuple entier disparaissant, s'engloutissant dans la misère la plus abjecte, au sein d'une paix profonde; la Turquie, plongée dans la plus complète inertie; le Portugal, ruiné, anéanti par la perte de son industrie, surpris de trouver encore son nom sur la carte de l'Europe; la famine, la peste, c'est-à-dire la mort sous ses formes les plus hideuses, devenant de plus en plus le partage du malheureux Hindou, veuf, depuis la domination anglaise, de son industrie jadis si florissante; toutes les îles anglaises dans la Méditerranée, en Asie, en Afrique, en Amérique, sans mouvement, sans vie : voilà ce qu'a été partout l'influence des Anglais occupés avant tout d'anéantir sur toute la face du globe l'industrie des autres peuples, en vue de garantir à leur industrie nationale le débouché du monde entier, dussent-ils, pour atteindre ce but chimérique autant que coupable, frapper de mort les unes après les autres toutes les nations du globe, et n'avoir plus ensuite de débouché que l'Angleterre même.

Plus de huit millions de nos semblables enlevés sur les côtes de l'Afrique, par les négriers anglais, pour être jetés et broyés dans les rouages de cette machine infernale nommée l'esclavage ; les guerres les plus affreuses suscitées entre toutes les tribus du continent africain; aucun moyen ne répugnant à la conscience anglaise pour retenir ces peuplades innocentes dans un état permanent de barbarie sanglante, en vue d'y trouver des esclaves à *transporter*, à défaut d'ivoire ou de paillettes d'or :

Tels sont les crimes dont s'est souillé le nom anglais dans le but d'acquérir un développement de sa marine qui pût lui assurer le monopole du trafic sur toutes les mers du monde.

Presque pas une ville n'existe sur le littoral d'aucune mer, sur laquelle n'ait été jeté un boulet anglais par un vaisseau anglais, pour la contraindre à accepter l'introduction, par les navires anglais, des produits de l'industrie manufacturière anglaise, dût-il lui en coûter la disparition de sa propre industrie et, avec elle, celle du mouvement, de la vie.

C'est en Angleterre qu'il faut chercher les arguments les plus puissants, soit en faveur de l'ancien système prohibitionniste, soit contre ce système. C'est là que nous trouvons les plus grandes erreurs, les plus grands crimes que l'on puisse reprocher à ce système. Mais c'est là aussi que nous trouvons la réalisation la plus complète du but proposé : une prospérité nationale immense, des richesses colossales, dues à l'activité humaine, au développement des facultés industrieuses des citoyens, dirigées à la fois, — à l'ombre de la puissance nationale, — vers les manufactures aussi bien que vers l'agriculture.

Pourtant, c'est là aussi qu'il faut aller demander sa signification au nouveau système dit du libre-échange. Car c'est de là que partait naguère cette nouvelle doctrine pour se propager avec plus ou moins de succès dans le reste de l'Europe.

C'était en 1846, à l'époque des réformes de sir Robert Peel. La propagande de la doctrine nouvelle commencée par Cobden, et la fameuse *ligue contre les lois céréales*, ont gagné, en France, des esprits éminents, sans doute, mais déjà préparés, tant par la célèbre théorie des débouchés de

J.-B. Say, que par la conformité des conclusions de la nouvelle école anglaise avec celles de l'ancienne école française des physiocrates du dix-huitième siècle.

Dans ce beau pays de France, chacun sait ce que peut l'enthousiasme. Là, le calcul, la raison froide, les combinaisons égoïstes de l'intérêt qui semblent être de temps immémorial les signes caractéristiques de la race anglo-saxonne, n'ont jamais eu le pouvoir d'arrêter un élan d'enthousiasme.

Cette différence de caractère national entre les Anglais et les Français a pour effet une certaine tendance chez les derniers à se méfier de leurs propres idées et à adopter de préférence celles des Anglais, en tout ce qui se rapporte aux intérêts matériels des peuples. Cette tendance est manifeste pour quiconque a parcouru d'un œil philosophique l'histoire de ces deux peuples; pour quiconque a suivi surtout les débats parlementaires auxquels ont donné lieu, en France, durant ces dernières années, les questions agricoles, industrielles, commerciales, financières.

Cela s'explique.

Le génie positif des Anglais les porte au développement d'une prospérité nationale qui est la seule source de la puissance qu'ils ambitionnent : celle des richesses; tandis que le caractère enthousiaste des Français les porte à poursuivre sans cesse, sous le nom de gloire, une pompeuse chimère.

Et, tandis que la France, au prix d'une haine implacable de tous les peuples du continent européen, poursuit sans cesse sa chimère par des guerres qui, à force de l'épuiser, ont presque toujours fini, malgré son héroïsme incontestable, par l'invasion et la dévastation de son territoire, nous voyons l'Angleterre, préoccupée par-dessus tout de sa prospérité matérielle, concentrer tous les efforts de sa politique sur un seul point : éviter à *tout prix* de laisser transporter sur son propre territoire, le terrible fléau de la guerre ; et usant pour atteindre ce but de toute la force de ses capitaux, obtenant par son or, versé avec profusion à toutes les cours de l'Europe, des alliés puissants, toujours prêts, au besoin, à retenir sur le continent sa redoutable voisine.

Il en est résulté qu'après chaque guerre, la France, sanglante, épuisée, tournant ses regards vers sa rivale, n'a pu manquer d'être frappée du spectacle de sa prospérité toujours croissante ; de là cette tendance, que nous venons de signaler chez les Français, à prendre en méfiance, du moins en ce qui touche aux intérêts matériels, tout ce qui s'éloigne des idées anglaises et à adopter celles-ci presque sans examen.

Nous n'oserions pourtant pas dire, en face des noms illustres que nous allons avoir à citer, qu'il en fut tout à fait ainsi de la doctrine libre-échangiste.

Cependant, il est certain que les économistes français de l'époque ont accueilli la théorie anglaise avec le plus grand enthousiasme, sans la moindre défiance. Ils ont vu dans cette idée un immense horizon de fusion des peuples, un idéal grandiose de fraternité universelle, et ils se sont dévoués à sa propagation avec toute l'ardeur de leur enthousiasme national.

M. de Molinari, qui a donné, dans le *Dictionnaire de l'Économie politique*, l'histoire des *Associations pour la liberté des échanges* (1), parlant des réformes de M. Huskisson, de la constitution de la *ligue* contre les lois céréales et de ce qu'il appelle « la répudiation solennelle du régime protecteur par sir Robert Peel », s'écrie avec enthousiasme :

« Voici que l'Angleterre foule aux pieds le palladium de la protection pour se lancer, *la poitrine découverte* — (la puissance manufacturière la plus grande de l'Europe servant de bouclier à cette poitrine, disparaissait, on le voit, devant l'enthousiasme de l'écrivain que nous citons), — dans la carrière de la concurrence internationale...

« Comment réussiraient-ils (les protectionnistes) à maintenir plus longtemps un système dont *la*

(1) V. cet article dans le *Dictionnaire de l'économie politique*.

nation la plus avancée dans la pratique des affaires, la plus éclairée sur ses vrais intérêts, avait reconnu l'inanité. En se débarrassant du système protecteur, l'Angleterre ne venait-elle pas de donner le signal de la chute de ce système dans le monde entier? »

Puis, M. de Molinari, passant au récit de la propagande ardente, enthousiaste de l'idée anglaise par les plus éminents économistes français, nous montre successivement « Frédéric Bastiat, racontant l'histoire de la ligue anglaise; Alcide Fonteyraud, consacrant aux travaux des ligueurs d'intéressantes esquisses; Léon Faucher, expliquant dans ses *Études sur l'Angleterre* la nature et la portée du mouvement contre les lois céréales; les plus puissants organes de la presse quotidienne: le *Journal des Débats*, la *Patrie* et le *Courrier français*, prenant une attitude décidée en faveur de la liberté du commerce; des ligues françaises, prenant rapidement naissance dans tous les grands centres: celle des *négociants* de Bordeaux, le 10 février 1846, sous la présidence de M. Duffour-Dubergier; celle de Paris, proposée le 14 mars suivant, définitivement constituée, et tenant sa première séance publique dès le 28 août; celle de Lyon, le 13 octobre, et celle du Havre, le 28 novembre; — puis toutes ces associations, réunissant non moins rapidement qu'elles ne s'étaient formées un capital de

200,000 francs, *à l'aide duquel elles commencèrent à agir sur l'opinion.* »

A l'époque où se transportait avec tant d'ardeur, sur le continent européen, la propagande inaugurée en Angleterre par Huskisson, Cobden, Robert Peel, l'économie politique avait déjà conquis une place trop importante dans les spéculations philosophiques du siècle, pour que les propagateurs du mouvement libre-échangiste pussent se croire dispensés de compter avec elle.

Rousseau, par son *Contrat social;* le célèbre docteur Quesnay et les nombreux écrivains de son école, Dupont de Nemours, Mercier de la Rivière, Le Trosne, le marquis de Mirabeau, Condorcet, Turgot, par leurs intéressantes publications, l'illustre Adam Smith, par son immortel livre des *Recherches sur la nature et les causes de la richesse des nations*, avaient déjà retiré les questions économiques et sociales du domaine exclusif de la pratique des hommes d'Etat, pour les faire entrer dans le cercle des sciences morales et politiques.

Cette nouvelle carrière, où de nombreuses et importantes découvertes s'offraient au philosophe à chacun de ses pas, ainsi ouverte à l'esprit humain, avait déjà été parcourue avec éclat, par J.-B. Say, en France; Malthus, Ricardo, en Angleterre; List, en Allemagne. Enfin, à l'époque de cette propagande, l'économie politique, malgré la controverse de quelques points d'une importance incontestable, comptait déjà un nombre imposant de principes indéniables qui lui assuraient la qualité de *science*.

La nouvelle théorie anglaise n'était donc point viable, et ne pourrait se soutenir un seul instant si elle ne trouvait quelques points d'appui dans cette *science*, telle qu'elle se trouvait alors.

Ce fut un malheur pour celle-ci, car déjà sa marche avait été ralentie par des écrivains français et anglais surtout, qui, arrivant à la suite d'Adam Smith, avaient cru pourtant pouvoir s'écarter de la voie tracée par cet illustre maître. Et, elle fut complétement arrêtée et n'a plus fait un pas depuis que les *libres-échangistes*, croyant lui arracher son dernier mot, l'ont fait brusquement rétrograder jusqu'aux conclusions déjà condamnées de l'école physiocratique, en s'écriant à leur tour :

Laissez passer! Laissez faire!

Parmi les doctrines économiques invoquées à l'appui du nouveau système, figure au premier rang la théorie des débouchés donnée par J.-B. Say, théorie qui peut se résumer ainsi :

Les produits ne peuvent s'acheter qu'avec des produits (1).

---

(1) Voyez plus loin le chapitre III.

Sans doute, c'est là une vérité incontestable et désormais acquise à la science.

Or, voyons par quel enchaînement de sophismes on aboutit de cette vérité à l'erreur libre-échangiste.

Il résulte de cette donnée, disent les adeptes de l'école anglaise, qu'une nation ne saurait offrir les produits de son industrie à une autre nation qu'autant que celle-ci aura d'autres produits à lui offrir en retour des siens. Plus donc une nation importe de marchandises étrangères, plus elle a eu de ses propres produits à donner en retour à l'étranger.

L'importation des marchandises étrangères, en se ralentissant ou en se développant, devient ainsi le signe indicateur de la diminution ou de l'augmentation de la production nationale; c'est en quelque sorte le thermomètre de la prospérité publique: — son accroissement est un effet dont le progrès devient la cause.

Or, on ne peut supprimer un effet sans réagir sur la cause dont il émane.

Donc, toute mesure législative ayant pour but de restreindre les importations doit porter atteinte à la fortune publique.

Donc, *restriction*, *prohibition*, *protection*, tous ces mots sont antipathiques au progrès; ils appartiennent à un autre âge et ne sont plus que la preuve de l'ignorance des temps passés.

Les douanes, ces barrières élevées entre les peuples, dans des siècles de ténèbres que l'humanité a laissés loin derrière elle, doivent tomber devant la lumière éclatante du dix-neuvième siècle. Plus donc d'obstacles désormais entre les peuples, entre les différentes branches de la grande famille humaine.

Et, puisque les sciences physiques, pour n'être point en reste envers ce grand siècle, que les économistes contemporains ont enrichi de la précieuse découverte du libre-échange, l'ont doté, de leur côté, de ces deux forces immenses, la vapeur et l'électricité, que la nature jusque-là semblait avoir tenues en réserve, pour le moment où leur puissance incommensurable allait devenir indispensable au mouvement immense des échanges entre les hommes de tous les pays, de tous les climats, ne faudrait-il pas voir dans ces précieuses découvertes une sorte de confirmation providentielle de la grande doctrine?

En face des chemins de fer, traversant les montagnes, glissant par-dessus les fleuves, ces obstacles physiques que l'ignorance des peuples avait décorés autrefois du nom de frontières naturelles; en face des bateaux à vapeur, mêlant les pavillons de tous les peuples sur toutes les mers du monde, montrant leurs sombres panaches de fumée même aux glaces étonnées des deux pôles; en face du télégraphe électrique, s'étendant comme un trait d'union entre les peuples les plus éloignés, supprimant la distance qui les sépare, plaçant New-York à quelques secondes de Londres, que peuvent signifier désormais les douanes ?

Ne suffit-il pas qu'elles tombent partout, pour qu'on puisse s'écrier, non pas seulement comme Louis XIV : Plus de Pyrénées ; mais encore : Plus de Français, plus d'Allemands ! plus d'Anglais, plus de Chinois ! plus de Russie, plus de Turquie ! plus de blancs, plus de nègres ! plus de guerre enfin sur la terre ! paix universelle désormais à la famille humaine tout entière, réconciliée et complétement unie sur toute la surface du globe, par un lien indissoluble : la *solidarité des intérêts !* L'harmonie de ce qui, jusque-là, avait paru le plus antagonique !

Voilà sous quel séduisant aspect se présente d'abord la nouvelle doctrine connue sous le nom de libre-échange ; voilà, croyons-nous, l'idéal grandiose qui, dans ce système, a pu séduire l'imagination de ses propagateurs, tous, ou la plupart, hommes de cœur et de grand talent, dont les noms commandent l'estime, la considération, le respect de quiconque s'occupe, comme eux, des souffrances de l'homme sur cette terre et des moyens d'y porter quelque adoucissement.

La propagande libre-échangiste disposait encore de l'autorité de deux autres illustres économistes en s'étayant d'une part sur les *Principes de la population* donnés par Malthus, et de l'autre, sur la non moins célèbre théorie de la *rente* qui avait été exposée par David Ricardo.

Qu'il nous soit permis d'exposer brièvement ici ces deux célèbres théories, qui sont restées les fondements les plus remarquables de cette doctrine du libre-échange, que nous regrettons de ne pouvoir admettre, malgré l'exemple de tant d'illustres devanciers.

« L'espèce humaine, d'après Malthus, *tend* à se reproduire suivant une progression géométrique, tandis que les moyens de subsistance de l'homme ne sauraient augmenter que suivant une progression arithmétique. — En d'autres termes, l'espèce humaine tend à augmenter suivant les chiffres 1. 2. 4. 8. 16 ; tandis que nos moyens de subsistance ne peuvent s'accroître que suivant les chiffres 1. 2. 3. 4. 5.

Ce qui aboutit à la prétendue loi qui a rendu célèbre le nom de Malthus et qui se formule ainsi :

La population a une tendance constante à dépasser, dans chaque pays, le niveau des moyens de subsistance (1).

Cette doctrine de l'*excès de population*, autour de laquelle il s'est fait un bruit immense à son apparition, a été longuement développée par Mal-

---

(1) Malthus, *Principe de la population*, 2e édit. fr., page 6. Voyez aussi plus loin chapitres IV et V.

thus, dans son livre célèbre des *Principes de la population*.

Il semblerait que Malthus dut s'attacher plutôt à faire la preuve de ces deux progressions, sur lesquelles il fait reposer sa doctrine ; mais il n'a point suivi cette marche.

Après avoir *supposé* ces progressions et établi ainsi sa *loi* de la population, il admet que des *obstacles puissants* doivent exister dans la nature pour faire contre-poids à l'excès de population et maintenir le nombre des hommes au niveau des moyens de subsistance. Il *suppose* ces obstacles de deux sortes et les nomme *préventifs* ou *répressifs*, suivant qu'ils agissent de façon à *prévenir* l'excès de population, à empêcher les hommes de se multiplier au delà de leurs moyens de subsistance ; ou bien, qu'ils aient pour effet de *réprimer* cet excès de population, en anéantissant ce qui, dans le nombre des hommes, dépasse le niveau des moyens de subsistance.

Ainsi, l'homme mutilé par son semblable dans presque tout l'Orient, pour être le gardien des sérails : obstacle préventif !

Un despote farouche, moissonnant dans un pays toutes les têtes dont l'intelligence dépasse le niveau de ses étroites conceptions : obstacle répressif !

La pluralité des femmes dans certains pays ;

leur prostitution dans d'autres : obstacles préventifs !

La guerre, le choléra-morbus, les inondations, les assassinats, la guillotine, le carcan, la potence, la carabine à aiguille, le canon Krupp, les vaisseaux blindés, les pestes, les famines : obstacles répressifs !

Malthus s'attache, après l'exposition de cette doctrine, à en faire la preuve en démontrant l'existence de ces obstacles et déroule aux yeux de ses lecteurs, avec une incomparable érudition, toute la chaîne des souffrances de l'espèce humaine sur la terre.

Puis il conclut que l'homme doit puiser, de plus en plus, dans sa propre volonté (self-government) la puissance de se soustraire aux conséquences des *obstacles répressifs*, en faisant de cette volonté même un *obstacle préventif*. C'est ce qu'il appelle la *contrainte morale*.

On conçoit sans peine tout le parti que pouvait tirer la doctrine libre-échangiste de ces lois de Malthus, et surtout de la loi des obstacles.

En effet, ces lois, — en les supposant vraies, — conduisent le penseur à faire abstraction de l'homme, comme *producteur*, pour ne le considérer que comme *consommateur*; car, s'il est vrai que l'homme est partout constamment sous la menace de manquer de moyens de subsistance, n'est-il pas évident que la meilleure œuvre que puisse faire une nation, ce sera de courir vite offrir l'excédant de ses productions alimentaires aux autres nations? N'est-il pas évident qu'un gouvernement qui prohiberait la sortie, par exemple, de l'excédant de blé de ses sujets, agirait comme *obstacle répressif* sur la population des pays qui sollicitent l'importation chez eux de cet excédant? Et que penser du gouvernement qui empêcherait ses propres sujets de recevoir de l'étranger le blé qui manque à leur subsistance?

Si l'on complète, — pour nous servir de l'expression de Bastiat, — la pensée de Malthus, en adoptant la substitution qu'a faite J.-B. Say de cette expression : *moyens d'existence*, à celle de *moyens de subsistance*, dont s'était servi Malthus en formulant ses lois, l'exemple que nous venons de donner de la nécessité de la libre sortie du blé du pays où il abonde, et de son entrée en franchise dans celui où il manque, cet exemple devient applicable à tout ce qui sert à la nourriture, au vêtement, au logement des hommes, c'est-à-dire à tous les produits imaginables de l'industrie humaine.

Ainsi, les douanes, qui, — d'après l'argumentation basée sur la théorie des débouchés de Say, — n'étaient que la conséquence des erreurs du passé et ne devaient disparaître que parce qu'elles se trouvaient inutiles, impuissantes à atteindre le but qu'elles se proposaient, que parce que le libre-échange seul se trouvait désormais le vrai véhicule du progrès, de la civilisation, les douanes, avec la doctrine de Malthus, prennent de bien autres proportions et deviennent presque un crime de lèse-humanité.

Placé sur un tel terrain, le libre-échange semble vraiment dépasser la simple portée d'une doctrine scientifique. Comme le christianisme dans les temps antiques, il se montre chargé d'une mission de rachat de l'humanité. Ainsi présentée, on conçoit ce que cette doctrine a pu exercer de puissance sur les esprits philanthropiques ; on conçoit que des hommes de cœur se soient dévoués avec enthousiasme, avec fanatisme même à la propagation d'une philosophie égale en hauteur à une foi nouvelle et libératrice ; on conçoit Fr. Bastiat s'écriant : « Pour moi, je l'avoue, dans mes études économiques, il m'est si souvent arrivé d'aboutir à cette conséquence : *Dieu fait bien ce qu'il a fait*, que lorsque la logique me mène à une conclusion différente, *je ne puis m'empêcher de me défier de ma logique* (1).

En effet, lorsqu'à force de creuser cette doctrine du libre-échange, lorsqu'à force de la retourner dans tous les sens, de l'approfondir, on commence à s'apercevoir qu'il n'y a là qu'une illusion, un pompeux mirage, on ne peut se défen-

(1) Fr. Bastiat, *Harmonies économiques*, p. 448.

dre de prendre en défiance « sa propre logique », la déception est assez cruelle pour faire naître en nous le doute, quelque chose comme une suprême hésitation.

Lorsqu'on en est là, il faut choisir entre ces deux voies : ou aller courageusement jusqu'au bout, comme Carey, et rentrer dans la vraie science, en chassant loin de soi une décevante illusion ; ou bien rester hors la science et revenir par de nouveaux enchaînements de sophismes au cercle des conclusions erronées de cette fausse doctrine.

Fr. Bastiat, honnête homme, cœur généreux, savant consciencieux, n'était point libre-échangiste, comme tant d'écrivains qui ne pensent qu'à professer la doctrine à la mode ; séduit par l'apparence de grandeur, de philanthropie universelle que revêt cette doctrine, il en a été le plus ardent, le plus infatigable propagateur en France. Mais il a voulu, en même temps, qu'elle fût scientifique. Il a peut-être plus fait qu'aucun écrivain de cette école pour confondre cette doctrine avec la science économique et en faire un synonyme. Dans les recherches auxquelles il se livrait pour atteindre ce but, il est arrivé incontestablement plus près qu'aucun économiste français de la science sociale, telle que celle-ci a été exposée par Carey. Mais, entraîné par sa logique hors de la doctrine libre-échangiste, Bastiat s'est défié, comme il l'a dit lui-même, de sa logique, et il a eu recours au sophisme pour conserver son illusion.

C'est là une assertion dont nous fournirons plus loin la preuve.

Passons maintenant à l'exposé des théories de David Ricardo sur la rente.

« La *rente*, enseigne cet auteur, est cette portion du produit de la terre que l'on paye au propriétaire pour avoir le droit d'exploiter les *facultés productives et impérissables du sol* (1). »

Ricardo admet une différence essentielle entre la (*rent-fermage*) ainsi définie et ce que l'on entend par cette expression dans le langage ordinaire.

La *rente*, ou le *fermage* en langue vulgaire, est la somme annuelle que paye à un propriétaire la personne qui exploite son fonds. Ricardo fait deux parts de cette redevance : l'une est l'intérêt des capitaux dépensés sur la terre et qui s'incorporent au fonds sous forme d'améliorations, de constructions de tout genre; c'est la *juste rémunération* de la force productive de ces capitaux.

L'autre part, celle qu'il appelle plus spécialement la *rente*, c'est la portion du revenu due, non plus aux capitaux du propriétaire, à ses améliorations, à ses constructions, mais à la nature

---

(1) Voy. RICARDO, *Principes d'économie politique*, ch. *Rente*, Voyez aussi plus loin le chapitre VI.

seule, *aux seules facultés productives et impérissables du sol*. C'est, en un mot, ce que l'homme, par l'appropriation du sol, se fait payer par son semblable pour le laisser jouir d'une force naturelle qui n'appartient à personne, qui est à tous, comme le feu, l'air ou l'eau.

Cette théorie de la rente n'était point soutenable si on la généralisait, en l'étendant au fermage de toutes les propriétés foncières. Ricardo a dû admettre, en conséquence, des cas où la rente, telle qu'il l'a définie, n'existe point dans le fermage. C'est ainsi que sa théorie de la *rente* l'a conduit à sa doctrine, autrement importante de l'*occupation de la terre;* doctrine qui, si elle était vraie, constituerait à celle du libre-échange une base scientifique inébranlable.

Mais laissons parler l'auteur lui-même.

« Lorsque des hommes, dit-il, font un premier établissement dans une contrée riche et fertile, dont il suffit de cultiver une très-petite étendue pour nourrir la population, ou dont la culture n'exige pas plus de capitaux que n'en possèdent les colons, *il n'y a point de rente;* car qui songerait *à acheter le droit de cultiver un terrain*, alors que tant de terres restent sans maître et sont par conséquent à la disposition de quiconque voudrait les cultiver ?.....

..... Dès que par suite des progrès de la société, on se livre à la culture des terrains de *ferti-*

lité secondaire, la rente commence pour ceux des premiers, et le taux de cette rente dépend de la différence dans la qualité respective des deux espèces de terrain.

« Dès que l'on commence à cultiver des terrains de *troisième qualité*, la rente s'établit aussitôt pour ceux de la seconde et est réglée de même par la différence dans leurs facultés productives. La rente des terrains de première qualité hausse en même temps, car elle doit se maintenir toujours au-dessus de celle de la seconde qualité, et cela, en raison de la différence de produits que rendent ces terrains avec une quantité donnée de travail et de capital. *A chaque accroissement de la population, qui force un peuple à cultiver des terrains d'une qualité inférieure pour en tirer des subsistances, le loyer des terrains supérieurs haussera.* »

Cette doctrine, comme on le voit, vient à l'appui de celle de Malthus et assombrit encore le tableau peint par ce dernier des misères de l'humanité. Ainsi, tandis que la population tend fatalement à s'accroître, ses moyens de subsistance doivent être demandés à des terrains de plus en plus ingrats.

L'homme, — si ces doctrines étaient l'expression de la vérité, — ne saurait se multiplier sur la terre que pour être de plus en plus asservi par son semblable, que pour payer une dîme, un tribut injuste et de plus en plus élevé à celui qui aurait eu l'heureuse chance de le précéder dans ce monde et d'accaparer les *facultés productives et impérissables du sol.*

Quand on a pu croire à l'exactitude, à la vérité de cette doctrine de Ricardo; quand une fois on s'est dit que c'est vraiment ainsi que l'homme a pris possession de la terre, que c'est bien ainsi que les choses se sont passées et que telle est la signification de la *propriété;* si l'on a du cœur, si l'on croit à la solidarité de l'espèce humaine, si l'on s'est pénétré une fois de cette pensée que les hommes se doivent un mutuel appui, que chacun de nous doit marquer son passage ici-bas par quelque bonne action qui acquitte sa dette envers l'humanité on ne peut plus rester indifférent au sort de ses semblables, on est trop fortement sollicité à la lutte par sa conscience pour continuer à dormir, à boire et à manger en paix. Il faut tout au moins protester contre un tel crime d'exploitation de l'homme par l'homme. Ou l'on s'écrie comme Proudhon : LA PROPRIÉTÉ, C'EST LE VOL ! et l'on se met à prêcher la guerre sociale, la guerre de celui qui n'a rien et qu'exploite encore celui qui a déjà accaparé, à son unique profit, ce qui appartenait à tous, ces facultés productives et impérissables du sol qui ne peuvent être qu'un patrimoine commun de toute l'espèce humaine. Ou bien, l'on fait comme Cobden : on organise une ligue contre les lois céréales, on bat en brèche les priviléges des propriétaires en se disant : *la propriété nous paraît un mal*, mais comme nous ne savons comment le remplacer et qu'à cause de cela nous n'osons l'attaquer et la détruire, tâchons au moins d'en pallier les conséquences. Imaginons un expédient qui lui fasse contre-poids, prêchons enfin le libre-échange.

On conçoit, en effet, que si cette doctrine de Ricardo était vraie, les lois restrictives, les prohibitions de produits étrangers, la protection douanière, en un mot, n'aurait d'autre résultat que de forcer la population à devancer le moment où la nature devrait la contraindre à demander ses moyens de subsistance à ses terrains les plus ingrats, en payant une rente plus élevée aux propriétaires des terres fertiles. La protection, enfin, ne serait qu'une aggravation coupable portée par la législation à ce *mal nécessaire* de la propriété.

Le libre-échange, c'est-à-dire l'entrée en franchise de tous les produits étrangers et surtout des produits destinés à la subsistance des classes laborieuses, ferait concourir tous les terrains fertiles du globe au bien-être de l'homme, et diminuerait l'importance de la taxe injuste prélevée par les propriétaires sur le droit d'exploiter les facultés productives du sol.

Ici encore le libre-échange se montre chargé d'une grande mission humanitaire : il se présente comme l'unique moyen sinon d'affranchissement, mais de soulagement du prolétaire, et si Ricardo ne s'était pas trompé, le libre-échange serait en effet ce que prétendent les plus fanatiques de ses propagateurs : le dernier mot de la science sociale.

C'est par les trois célèbres théories que nous venons d'exposer que Ricardo, mort en 1823, J.-B. Say en 1832, et Malthus en 1834, sont restés les principaux maîtres de l'école libre-échangiste, bien que celle-ci n'ait pris un nom, n'ait formé une sorte de secte que vers 1845-46, et dans les circonstances que nous avons rappelées au commencement de ce chapitre.

Sauf quelques points de dissidence d'une importance médiocre et ayant plutôt trait à la signification de certaines expressions, la polémique qui a existé entre ces trois illustres penseurs nous les montre d'accord au fond sur ces trois doctrines fondamentales du libre-échange.

J.-B. Say, par des annotations aux ouvrages de Malthus et de Ricardo, à l'appui de leurs doctrines, a fait concourir l'autorité de son nom à la propagation de ces doctrines en France.

Aussi est-on autorisé à dire que, depuis plus d'un demi-siècle, la doctrine du libre-échange est exclusivement enseignée, sous le nom de l'économie politique, dans toutes les chaires fondées pour l'enseignement de cette science des deux côtés de la Manche.

S'il nous est donné de prouver que cette doctrine est sans fondements, et n'a pour bases que des erreurs et des sophismes, ne serons-nous pas autorisé à dire qu'elle a eu pour effet d'arrêter la marche de la vraie science de l'économie politique ? Et, s'il est vrai qu'Adam Smith, qui a été le fondateur de cette science, professait des doctrines opposées aux conclusions des libres-échangistes, ne devra-t-on pas en conclure que cette secte a fait reculer la science, qu'elle professe une doctrine rétrograde ?

Cependant, avant de conclure cet exposé, il n'est point hors de propos de rappeler en quoi le libre-échange prétend se rattacher à la philosophie professée par le célèbre docteur d'Édimbourg.

Adam Smith, dans son livre *De la richesse*, dit que « chaque individu met sans cesse tous ses efforts à chercher pour tout le capital dont il peut disposer l'emploi le plus avantageux ; il est bien vrai que c'est son propre bénéfice qu'il a en vue et non celui de la société, mais les soins qu'il se donne pour trouver son avantage personnel le conduisent naturellement ou plutôt nécessairement à préférer précisément ce genre d'emploi même qui se trouve être le plus avantageux à la société (1) ».

(1) Voir ADAM SMITH, *Recherches sur la nature et les causes de la richesse des nations*, Livre IV, Chapitre II. Voir aussi plus loin le Chapitre II.

On chercherait en vain, dans tous les livres des économistes, une exposition plus claire et plus précise de la doctrine de «*l'harmonie des intérêts*». Bastiat lui-même, dans son livre des *Harmonies économiques*, n'a rien pu ajouter à la lucidité de cette pensée si nettement formulée.

Aussi les économistes contemporains ont-ils fait du deuxième chapitre du quatrième livre *De la richesse*, où cette pensée se trouve développée, la pierre angulaire du grand ouvrage de Smith, en reléguant en quelque sorte au second plan les belles pages où Smith expose avec une prédilection incontestable,—et qui prouve bien que, dans sa pensée, là se trouvent les vraies sources de la richesse—les immenses avantages de la *division du travail* et du *commerce intérieur*.

Cependant, ce paragraphe ne rend pas toute la pensée d'Adam Smith, et il faut, pour bien saisir l'argument qu'en tirent les libres-échangistes, le compléter, en rapportant celui qui le précède immédiatement et dont il n'est que le corollaire. Dans cet autre paragraphe, l'auteur établit positivement et en termes qui ne sauraient donner lieu à aucune équivoque, que « *l'industrie d'un pays est nécessairement subordonnée au capital dont il dispose; qu'elle dépend d'une manière absolue de ce capital* ».

Rapportons ce paragraphe tel qu'il a été construit par son auteur.

« L'industrie générale de la société, écrivait Smith, ne peut jamais aller au delà de ce que peut en employer le capital de la société. De même que le nombre d'ouvriers que peut occuper un particulier doit être dans une proportion quelconque avec son capital, — de même le nombre de ceux que peuvent aussi constamment tenir occupés tous les membres qui composent une grande société doit être dans une proportion quelconque avec la masse totale des capitaux de cette société et ne peut jamais excéder cette proportion. Il n'y a pas de règlement de commerce qui soit capable d'augmenter l'industrie d'un pays au delà de ce que le capital de ce pays en peut entretenir ; tout ce qu'il peut faire, c'est de faire prendre à une portion de cette industrie une autre direction que celle qu'elle aurait prise sans cela, et *il n'est pas certain* que cette direction artificielle promette d'être plus avantageuse à la société que celle que l'industrie aurait suivie de son plein gré. »

Le docteur Smith, qui voyait surtout dans la *division du travail* la source principale de la richesse, se contente, sur cette question d'une importance moindre, d'élever un simple doute. *Cela ne lui paraît pas certain.*

Mais les économistes contemporains qui ne veulent trouver le dernier mot de la civilisation que dans le trafic international, et ne veulent plus voir d'obstacles que les douanes entre l'espèce humaine et la plus grande somme de bonheur que nous promette le monde tel que Dieu l'a fait, — les économistes ne pouvaient se contenter, comme Smith, d'un simple doute sur l'efficacité de la législation en matière commerciale. Ils ont dû aller plus loin et accepter d'une manière *absolue* la conclusion logique de ces deux paragraphes de Smith.

En effet, s'il est vrai : 1° que l'industrie d'une société est nécessairement subordonnée à son capital et ne peut jamais le dépasser ; 2° que le capital employé dans cette industrie prend toujours et de lui-même la direction la plus avantageuse ;

Il est évident que le règlement administratif qui détournerait ces capitaux de la direction qu'ils doivent suivre de leur plein gré, aurait pour effet de les diriger nécessairement vers un emploi *autre* que celui qui est reconnu le plus avantageux à la société.

Cette conclusion admise, le protectionnisme deviendrait tout au moins un mauvais calcul, et le libre-échange appuyé sur cette base serait encore inébranlable.

Mais ces deux propositions d'Adam Smith offrent-elles ce caractère d'exactitude rigoureuse, de vérité incontestable qui constitue les véritables axiomes scientifiques ?

C'est ce que nous examinerons au chapitre suivant.

CHAPITRE DEUXIÈME

EXAMEN DE L'ARGUMENTATION LIBRE-ÉCHANGISTE BASÉE SUR LES RAPPORTS QU'ÉTABLISSAIT ADAM SMITH ENTRE LE CAPITAL ET L'INDUSTRIE.

A tout seigneur, tout honneur! Adam Smith n'est pas seulement la plus haute autorité que l'on puisse évoquer en économie politique; mais encore, quiconque se livre à une étude sérieuse des phénomènes économiques ne tarde pas à s'apercevoir que ses arguments en faveur d'une liberté absolue du trafic extérieur restent de beaucoup au-dessus de tout ce qui a été imaginé par ses successeurs.

Mettre en discussion la première proposition avancée sur cette matière par l'illustre professeur, c'est presque mettre en discussion toute la science économique, dans sa partie technique, c'est-à-dire dans ce qu'elle a de plus aride, de plus fatigant, de moins clair.

C'est donc ici surtout que nous devons craindre de lasser l'attention du lecteur; car lorsqu'on voit chaque jour, dans les journaux et dans les assemblées politiques des pays les plus avancés de notre siècle, de la France, de l'Allemagne, des États-Unis et même de l'Angleterre, des hommes, d'ailleurs remarquables par leur savoir, exposer d'une façon parfois scandaleuse, le peu de part qu'a eue dans leurs études générales, celle de l'économie politique ou de la science sociale, ne sommes-nous pas effrayé, à juste titre, du peu d'intérêt que pourront prendre des lecteurs ordinaires à des dissertations sur la valeur scientifique de quelques mots, de simples mots que chacun croit si bien entendre, que l'on a vu des personnes privées de presque toute culture intellectuelle, se scandaliser à l'idée qu'un auteur veuille leur apprendre à cet égard ce que *tout le monde sait*.

Pour soutenir que l'*industrie* d'une société est ou n'est pas subordonnée au *capital* de cette société, il importe d'établir d'une manière aussi précise que possible le sens que l'on attache à ces deux mots : *industrie* et *capital*.

A celui qui, sans avoir jamais ouvert un livre d'économie politique croit pouvoir en remontrer à tous les auteurs de la librairie Guillaumin sur la signification de ces deux mots, nous devons faire remarquer qu'aussi récemment qu'en octobre 1872, un économiste distingué, M. Ambroise Clément, sentait encore l'insuffisance des définitions existantes et entreprenait la publication dans le *Journal des économistes* d'un vocabulaire nouveau.

Et, chose remarquable, son premier article a donné lieu dans le même journal à une polémique sur la signification du mot qui nous occupe précisément : *le capital*, — polémique qui s'est arrêtée sans qu'aucune des parties se soit rangée à l'opinion de l'adversaire (1).

« Dissertation, ennui, disait Fr. Bastiat ; dissertation sur la valeur, ennui sur ennui. On pourrait parfaitement appliquer cette pensée à tout ce qui forme l'objet de la science économique, de cette science de la *richesse*, dont les professeurs ne sont pas encore parvenus à s'entendre même sur la signification du mot *richesse*.

Ici, nous avons à rechercher quels rapports peuvent exister entre l'industrie et le capital tel qu'Adam Smith définissait ce dernier.

Au premier chapitre de son deuxième livre, il dit :

« Quand un homme possède un *fonds accumulé* suffisant pour le faire vivre des mois ou des années, il cherche naturellement à tirer un revenu de la majeure partie de ce *fonds*, en en réservant seulement pour sa consommation actuelle autant qu'il en faut pour le faire subsister jusqu'à ce que son *revenu* commence à lui rentrer. On peut distinguer en deux parties la tota-

(1) Voir *Journal des économistes*, nos d'octobre 1872 et suivants.

lité de ce fonds : celle dont il espère tirer un revenu s'appelle son *capital*; l'autre est celle qui fournit immédiatement à sa consommation. »

En généralisant cette définition du capital, de l'individu, nous pourrions dire que le capital d'une société est la portion du fonds total accumulé par les membres de cette société et rapportant ou destinée à rapporter un revenu.

Mais cette définition demeure incompréhensible, tant qu'on ignore ce que Smith entendait par *fonds accumulé*.

Pour faire ressortir la pensée d'Adam Smith à cet égard, par des citations textuelles, il faudrait rapporter ici une très-grande partie de son deuxième livre. Qu'il nous soit donc permis de nous en tenir simplement au résumé, d'ailleurs rigoureusement exact, qu'en a donné M. Germain Garnier.

« Ce mot, nous dit M, Garnier, est employé dans un sens moins étendu que celui que lui a attribué l'usage. Il est ici proprement opposé à ce qu'on entend par *biens-fonds* ou *fonds de terre*, et il signifie *tout amas quelconque des produits de la terre ou du travail des manufactures*. C'est dans ce dernier sens qu'il est pris, quand on dit un fonds de commerce, les fonds publics, etc. Il ne prend le nom de *capital* que lorsqu'il rapporte à son propriétaire un revenu ou un profit quelconque » (1).

Il n'est pas permis en effet de se méprendre sur la pensée de Smith et d'admettre qu'il ait voulu désigner par le mots *fonds* seulement une somme d'argent. En traitant de la *monnaie*, il s'est d'ailleurs nettement expliqué à cet égard, et, ce qu'il entend par *fonds accumulé*, ce sont bien *tous les produits accumulés de l'industrie manufacturière ou agricole*.

En remplaçant dans la définition du capital qui vient d'être rapportée ces mots : *fonds accumulé*, par les équivalents que nous offre M. Germain Garnier, nous arrivons à ceci, comme expression définitive de ce qu'entendait le docteur Smith par *capital*.

Sur les produits de son industrie, accumulés par un individu ou par une nation, la portion qui n'est point destinée à la consommation immédiate de cet individu ou de cette nation, mais que l'on emploie ou destine à rapporter un revenu, un profit quelconque, forme le capital de l'individu ou de la nation.

Cette définition du capital est-elle exacte ? Ce n'est point ce qui doit nous préoccuper actuellement. Ce que nous avons à rechercher ici, c'est le

---

(1) Voir ADAM SMITH, *Richesse des nations*, préface de G. Garnier.

sens qu'Adam Smith attachait lui-même à ce mot, et maintenant que sa pensée à cet égard est entièrement dégagée, voyons quels peuvent être les rapports entre le *capital* ainsi entendu et l'*industrie.*

Pour qu'il y ait *capital*, il faut qu'il y ait eu d'abord *accumulation de produits*; il faut donc qu'il y ait eu *production*. Or, nous ne pouvons entendre par *production*, et Adam Smith n'entendait pas lui-même, l'œuvre spontanée, de la nature mais bien le fruit du *travail* de l'*industrie* de l'homme.

Plus une société travaille, plus elle étend son industrie, plus elle crée de produits, plus donc elle en pourra accumuler. Et, plus elle aura de produits ou de fonds accumulés, plus elle en pourra distraire de sa consommation pour les employer à rapporter un revenu, un profit quelconque, plus elle acquerra de capitaux.

C'est donc l'*industrie* qui est l'origine du *capital*. C'est donc la formation des capitaux, l'accumulation des produits qui se trouvent subordonnés au développement, à la puissance de l'industrie soit de l'individu, soit de la nation.

Adam Smith a donc dû être dans l'erreur lorsqu'il a dit que « l'industrie générale de la société ne peut jamais aller au delà de ce que peut en employer le capital de la société, » — car, d'après sa définition du capital, c'est le contraire de cela qui serait vrai, et il faudrait retourner sa proposition et formuler la loi des rapports de l'industrie au capital, comme il suit :

Les capitaux se forment et augmentent dans une société, en raison directe du travail, de l'industrie des membres de cette société.

Il a donc dû être aussi dans l'erreur quand il a dit « qu'il n'y a pas de règlement de commerce qui soit capable d'augmenter l'industrie d'un pays au delà de ce que peut en entretenir le capital de ce pays. »

Car, si le capital est le résultat, le produit, le fruit du travail, de l'industrie de la société, il est évident que ce sera la somme de travail, la puissance industrielle d'une société qui marquera la limite que peut atteindre à un moment donné l'accroissement des capitaux de cette société ; d'où il suit que la vérité serait encore ici précisément l'inverse de la proposition d'Adam Smith et qu'il faudrait dire :

Il n'y a pas de règlement de commerce qui soit capable d'augmenter les capitaux d'une société au delà de ce que peut en créer le travail, l'industrie des membres de cette société.

D'où il suit que l'action législative devrait plutôt s'attacher à étendre le travail, l'industrie du pays pour y faire naître des capitaux et non à y *créer des capitaux*, — ce qui serait chimérique,

— en vue d'obtenir le développement de son industrie.

La seconde proposition d'Adam Smith, que « le capital de chaque individu prend toujours de lui-même la direction la plus avantageuse à la communauté, » bien que vraie dans sa forme, n'a pas au fond plus de valeur comme argument en faveur du libre-échange.

Sans doute, nous croyons à la sagesse divine et n'hésitons point à admettre que tout est harmonique dans la création. Dieu n'a pas pu vouloir que l'intérêt de l'homme pris individuellement fût opposé à l'intérêt général, lorsqu'il destinait toute l'espèce à vivre en société.

S'il en était autrement, la créature humaine serait placée dans l'odieuse nécessité de choisir entre les instincts irrésistibles qui l'attirent vers son semblable et son intérêt non moins puissant qui lui commanderait de s'en éloigner.

Mais nous ne saurions pour cela méconnaître l'existence du *mal* ou de ce que l'on est convenu d'appeler ainsi.

C'est là une conséquence extrême qu'Adam Smith ne saurait accepter lui-même comme conclusion de sa doctrine.

Un individu emploie ses capitaux à construire et à armer un navire pour faire un commerce régulier. Il n'a évidemment en vue que son intérêt personnel. A cause de cela, nous devons admettre qu'il a calculé méticuleusement toutes les chances de ce genre d'industrie. L'intérêt, qui le guide, lui commande plus impérieusement qu'aucune législation ne le pourrait faire, de ne risquer son capital qu'avec la plus extrême prudence.

Qu'il réussisse dans ses opérations et augmente ainsi son capital, il aura du même coup déterminé un accroissement du capital social. Ainsi les précautions qu'il prend pour mener à bien son entreprise finissent par tourner à l'avantage de la société, et ici nous voyons une pleine confirmation de la doctrine d'Adam Smith. Il est évident qu'on doit *laisser faire* cet industriel.

Mais, qu'un autre individu, *ayant également en vue son intérêt personnel*, construise avec un capital semblable et arme un autre navire, — non plus en vue d'un commerce régulier, mais pour dévaliser sur la haute mer ceux qui se livrent à ce commerce, — faudra-t-il aussi *laisser faire* le pirate?

Sera-t-il vrai de dire que les capitaux ainsi placés par l'*initiative privée* à la destruction de la navigation régulière, reçoivent la direction la plus avantageuse aux intérêts de la communauté?

Et parce que les capitaux qui se dirigeaient auparavant vers les entreprises maritimes, se voient fermer cette voie par *cet obstacle*, — la piraterie, — que l'action gouvernementale peut lever, — devra-t-on refuser au commerce maritime le droit de réclamer cette intervention sociale, cette *protection* de la puissance commune ?

Pourra-t-on lui dire sans un *jeu de mots* indigne de la gravité de la science : « *La police* qui vous *protégerait* contre la piraterie et vous rendrait l'accès des mers, qui vous est maintenant interdit ; cette police — devrait en même temps vous imposer des règles pour faciliter son action en assurant sa puissance, — et ce serait une atteinte à la *liberté de votre commerce* ?

L'industrie du pirate, jugée au point de vue du libre-échange, ne serait qu'un simple déplacement de fortune. Un individu est ruiné, un autre s'est enrichi, mais le capital social reste le même. Cela est injuste, sans doute, mais c'est au nom de la *morale* qu'on doit réprimer de tels abus ; *économiquement*, il n'y aurait là de *mal*, d'après cette école, que si le pirate anéantit par une *consommation improductive* le capital qu'il s'approprie par la violence et soustrait à l'activité de l'industrie maritime. Mais si ce capital entre ses mains fait retour à l'industrie générale de la communauté, s'il l'emploie de façon à lui rapporter *un revenu*, la société n'y perd rien.

Dans ce système, si le commerce maritime n'est *pas dit* devoir être abandonné à lui-même et invité à se protéger comme il l'entendra et avec ses propres ressources ; si l'on admet que la société puisse être *intéressée* à faire les frais d'une police des mers, au profit apparent des seuls industriels qui se livrent au commerce maritime, c'est uniquement parce que le bon sens et l'expérience indiquent que les écumeurs de mer, comme tous les voleurs, ne sauraient avoir l'esprit d'ordre, les prévisions d'avenir de ceux qui se livrent à un commerce réputé honnête, c'est parce que l'on est assuré que les capitaux dont ils s'emparent seront gaspillés en consommations improductives et doivent être considérés, dans presque tous les cas, comme perdus irrévocablement pour l'alimentation du travail national, dès qu'ils tombent entre leurs mains.

C'est par cette conception étroite de l'intérêt social, que le *libre-échange* arrive à s'accorder avec la *morale* pour approuver la répression des crimes et délits, pour sanctionner le Code pénal; pour admettre la garantie aux frais de la communauté du droit simplement conventionnel de la *propriété*.

Cependant, lorsqu'un capital est soustrait à celui qui l'avait formé par son génie, ou accumulé au prix de ses veilles, de ses privations de toute sorte, pour tomber entre les mains d'un individu qui n'y a aucun droit légitime et l'anéantit en consommations improductives, est-ce toujours par des moyens prévus et punis par le Code que s'opère ce déplacement de fortune?

Et ce capital ainsi acquis illégitimement, bien

que sans infraction au Code, lorsqu'il a été détruit par son nouveau possesseur en sera-t-il moins perdu pour la société?

En d'autres termes, de même que la *morale* reconnaît parfois le *mal* et le flétrit dans certains cas où l'économie politique se déclare incompétente et s'abstient, n'y a-t-il pas, en certains cas, un *mal économique* qui échappe à la morale et dont la science des richesses doit poursuivre le redressement?

Puisque l'*intérêt commun* exige autant que la morale la répression de certains actes, l'économiste, — qui prend cet intérêt commun pour critérium de ses conclusions, — peut-il, sans inconséquence, distinguer entre les *crimes* et *délits* qui nécessitent l'intervention de l'action gouvernementale, simplement par les *circonstances* de ces actes, comme le fait la morale, lorsque les *conséquences économiques* en demeurent parfaitement identiques?

On le voit, quelque réserve qu'y mette l'école libre-échangiste, il ne lui est pas possible d'admettre un seul instant la nécessité d'un ordre social quelconque, la légitimité d'une intervention administrative, si restreinte qu'elle soit, entre les intérêts individuels, sans tomber aussitôt dans un tissu de contradictions.

Dans l'exemple qui précède, le lecteur n'a point perdu de vue que la nécessité de la législation n'est légitimée aux yeux du libre-échangiste que par une sorte de compromis avec la morale, et ne s'appuie que sur la simple présomption qu'un *capital volé* sera, sinon dans tous les cas, mais le plus souvent, soustrait à l'alimentation de l'industrie nationale et dépensé d'une manière improductive.

Mais, est-ce bien là toute la portée économique des déplacements illégitimes de la fortune individuelle? N'y a-t-il pas d'autres conséquences à enregistrer par la science ?

Lorsque ceux qui seraient tentés d'employer leurs capitaux au développement de la puissance maritime de la communauté et à l'accroissement de leur propre fortune, se voient *obligés*, — à cause de l'insécurité des mers, — de donner une direction moins lucrative à leurs fonds, peut-on dire qu'ils aient choisi *librement* ce nouvel emploi de leurs capitaux? Peut-on prétendre à leur appliquer la pensée de Smith, et soutenir qu'en vue de leurs propres intérêts ils emploient leurs capitaux de la façon la plus avantageuse pour eux-mêmes et pour la société?

Généralisant cet exemple, et prenant le cas d'une nation où les arts et métiers font complétement défaut et où toutes les aptitudes se voient obligées par l'insuffisance de la législation ou par d'autres causes de se porter uniquement vers le trafic, peut-on dire que les capitaux qui n'ont pas le choix et se dirigent forcément vers la seule issue que leur permette une civilisation insuffisante, peut-on dire que les capitaux suivent dans un tel milieu la direction la plus avantageuse pour les intérêts de leurs propriétaires et ceux de la société ?

Il est évident que non !

Lorsque le gouvernement a créé, aux frais de tous, une marine militaire qui *protége* le commerce maritime et lui assure la sécurité des mers, comment peut-on prétendre que la liberté de la navigation soit entravée par l'existence de cette protection sans laquelle elle n'eût pu exister ? — Et si cette nouvelle carrière ainsi ouverte à l'esprit d'entreprise, aux capitaux des citoyens, attire aussitôt un certain nombre d'industriels par des bénéfices que la concurrence n'a pas encore rendus plus ou moins illusoires, faudra-t-il prétendre que les capitaux ainsi employés auront été détournés de l'emploi le plus avantageux à la communauté, simplement parce que cette nouvelle carrière leur aura été ouverte par l'action administrative ?

Comme on le voit, cette proposition d'Adam Smith, « que les capitaux se portent toujours et d'eux-mêmes vers les emplois les plus avantageux à la société », cette proposition n'est vraie que d'une manière relative et seulement quand il s'agit de comparer entre elles les différentes industries *actuellement* ouvertes aux capitaux, et, en général, à l'activité des membres de la communauté, *dans un état donné de civilisation.* — Parce qu'il est évident que, choisissant entre toutes les industries, le capitaliste se décidera plutôt pour celle qui est la moins encombrée et donne en conséquence les plus gros bénéfices.

Mais, serait-il aussi vrai de dire que *ces industries actuellement existantes et telles qu'elles existent* suffisent à l'activité des citoyens et demeureront toujours les plus avantageuses à la société?

Adam Smith n'a pas pu soutenir une telle énormité; ce serait *nier le progrès*, et il en a été certes l'un des plus grands promoteurs, lui qui a développé les précieux avantages de la *division du travail* dans ces pages immortelles qu'à notre avis les propagateurs du libre-échange ne méditent pas assez.

Non, cela n'est pas, la science ne saurait blâmer les sociétés arriérées qui demandent à l'action législative, la seule efficace, la seule possible pour elles, les moyens d'étendre leur sphère d'activité, de s'approprier toutes les industries que permet la nature de leur sol et de leur climat, d'ouvrir de nouveaux et plus larges canaux à l'emploi de leurs capitaux, d'acquérir cette *habileté mécanique* sans laquelle nous ne saurions concevoir la civilisation contemporaine. Cette *habileté mécanique* ne peut pas être, comme le prétend l'école libre-échangiste, le monopole d'une race, d'une contrée, d'un climat.

S'il en était ainsi, si les peuples qui en sont actuellement dépourvus, devaient renoncer à se l'approprier, s'il y avait là une loi de nature, le progrès serait un mot vide de sens, et la civilisation elle-même ne serait plus qu'un accident dans la vie de quelques peuples privilégiés.

Une telle théorie ne fait pas seulement rétrograder la science économique, elle nie toutes les sciences morales et politiques, — en introduisant dans le mécanisme social le hasard et l'accident comme moteurs souverains.

Pour bien juger l'œuvre d'Adam Smith, comme tout écrit où l'on traite d'organisation sociale, il faut se reporter par la pensée aux temps et aux lieux où vivait l'auteur.

Malthus nous a rappelé que, en relevant les torts, les erreurs de nos contemporains, « en cherchant à redresser la baguette qui penche trop d'un côté, il est très-difficile d'éviter de la faire pencher à notre tour un peu du côté opposé. »

Smith était Anglais, et il écrivait avant tout pour l'Angleterre et les Anglais de son temps.

C'est vers la fin de 1775 que parut la première édition de son livre.

A cette époque, l'industrie, en Angleterre, loin d'avoir besoin de la protection administrative pour naître ou pour se développer, était déjà une véritable puissance, fortement retranchée derrière des statuts sur l'organisation des *corporations*.

Alliés aux trafiquants, les industriels des villes que l'on appelait *incorporées* exploitaient les travailleurs des campagnes à l'ombre d'un système qui avait moins en vue le développement de la prospérité intérieure de la nation que celui de sa puissance mercantile extérieure appuyée sur une formidable marine militaire.

Protégeant outre mesure les *intérêts individuels* des industriels, non pas seulement contre la *concurrence étrangère*, ce qui serait rationnel, mais contre la *concurrence intérieure* elle-même, ce système devait forcément avoir pour bases *des priviléges* qu'il suffit d'énoncer pour que l'on en conçoive tout l'odieux.

Ce qu'Adam Smith, en Angleterre, en même temps que Turgot, son illustre ami, en France, avait surtout à combattre à cette époque, était ce système de priviléges qui portait une atteinte coupable au droit naturel et imprescriptible qu'a chaque homme d'user comme il l'entend, — et sauf le respect dû aux droits d'autrui, — de toutes ses facultés physiques et intellectuelles pour pourvoir à son existence.

Dans ce système, basé sur un grand nombre de théories plus ou moins fausses, on méconnaissait le *droit au travail*, ce droit sacré que la science doit affirmer, encore que quelques écoles socialistes contemporaines se croient autorisées à l'inscrire sur leurs drapeaux en lui donnant un sens étroit et communiste que lui refusent avec raison les économistes.

C'est ce système de protection outrée et malentendue que nous avons voulu qualifier lorsque nous disions, à la page 73 de ce travail que, « dépassant les droits d'une nation, il avait cessé d'être un instrument de prospérité intérieure pour devenir un système inique d'oppression du faible par le fort ».

Voici, en effet, ce qui se passait alors en Angleterre sous les yeux mêmes de l'illustre penseur que nous commentons :

Un citoyen n'était pas *libre* d'exercer un métier quelconque en guidant son choix sur ses aptitudes. Il fallait qu'il appartînt à la *corporation* des maîtres de ce métier. Autrement ceux-ci leur feraient courir sus par les exempts du roi. Il y avait donc alors des tailleurs, des maçons, des cordonniers, des tisserands *en fraude* que poursuivaient les membres des corporations et que la loi frappait à leurs voix, comme elle frappe de nos jours les voleurs et les assassins.

C'est ainsi, nous apprend Adam Smith, que « le *privilége exclusif* d'un corps de métier restreignait nécessairement la concurrence dans la ville où il était établi, à ceux auxquels il était libre d'exercer ce métier. »

Or, il n'était pas aisé de se faire admettre au nombre de ces privilégiés. « Ordinairement, continue Adam Smith, la condition requise pour obtenir cette liberté est d'avoir fait son apprentissage sous un maître ayant qualité pour cela. Les statuts de la corporation règlent quelquefois le *nombre d'apprentis* qu'il est permis à un maître d'avoir, et presque toujours le *nombre d'années* que doit durer l'apprentissage. Le but de ces règlements est de restreindre la concurrence à un nombre d'individus beaucoup moindre que celui qui, sans cela, embrasserait cette profession. La limitation du nombre des apprentis restreint directement la concurrence; la longue durée de l'apprentissage la restreint d'une manière plus indirecte, mais non moins efficace, en augmentant les frais de l'éducation industrielle.

« A Theffield, un statut de la corporation interdit à tout maître coutelier d'avoir plus d'un apprenti à la fois. A Nowich et à Norfolk, aucun maître tisserand ne peut avoir plus de deux apprentis, sous peine d'une amende de 5 livres par mois envers le roi. Dans aucun endroit de l'Angleterre ou des colonies anglaises, un maître chapelier ne peut avoir plus de deux apprentis, sous peine d'une amende de 5 livres par mois, applicables, moitié au roi et moitié au dénonciateur...

« Le statut de la cinquième année du règne d'Elisabeth appelé communément le *Statut des apprentis*, décida que nul ne pourrait à l'avenir exercer aucun métier, profession ou art pratiqué en Angleterre, à moins d'y avoir fait préalablement un apprentissage de sept ans au moins; et ce qui n'avait été jusque-là que le statut de quelques corporations particulières, devint la loi générale et publique de l'Angleterre. »

Ajoutons, pour compléter cet exposé des priviléges des corps de métier, que celui qui voulait changer de profession, encore qu'il appartînt à une corporation industrielle, devait passer par le même temps d'apprentissage sous un maître du nouveau métier qu'il voulait exercer.

On conçoit, sans peine, que des industriels qui avaient su se remparer si fortement derrière les lois du royaume contre la concurrence dans l'intérieur même du pays, ne pouvaient point ne pas supprimer complétement toute concurrence des produits étrangers. Aussi la prohibition la plus absolue était-elle prononcée contre l'importation des produits manufacturés de l'étranger, tandis que des encouragements de toute sorte étaient offerts à celle des matières premières destinées à alimenter l'industrie nationale.

Cependant, il est de toute évidence que la protection accordée à l'industrie nationale, contre la *concurrence extérieure*, par des prohibitions ou de forts droits à l'importation des produits similaires de l'industrie étrangère, cette protection, lors même qu'elle serait trop exagérée et donnerait lieu à des plaintes fondées, ne saurait autrement que par un sophisme être assimilée à ces priviléges des corps de métier qui, en restreignant la concurrence intérieure,—restreignait du même coup le nombre des carrières ouvertes à l'activité descitoyens, et forçait ainsi les capitaux de prendre,—*parmi les industries existantes*,— des directions qu'ils n'auraient peut-être pas choisies, si toutes ces industries avaient été libres et également accessibles à tous les citoyens.

Mais ceux qui jouissaient des avantages de cet injuste système des priviléges, ne pouvaient guère les défendre que par une confusion qui pût leur permettre de se servir des mêmes arguments qui avaient fait prévaloir dans presque toute l'Europe le système de protection plus raisonnée qu'avait inauguré Colbert en France.

Ainsi s'explique comment Adam Smith, revendiquant pour ses compatriotes le *droit au travail*, positivement méconnu par la législation existante, s'est trouvé entraîné par cette confusion à une sorte de généralisation où *la liberté du commerce* se trouve identifiée *à la liberté du travail* et défendue par le même mode d'argumentation.

Nous avons vu comment cette exagération d'une doctrine relativement bonne, l'a entraîné à une contradiction flagrante avec lui-même, dans les rapports qu'il établit entre le capital et l'industrie.

Il nous reste maintenant à voir si les économistes qui adoptent les conclusions d'Adam Smith sur ce point, n'y ont point été ramenés par une nouvelle définition du capital, meilleure que celle qu'il en avait donnée, et grâce à laquelle se trouverait supprimée la contradiction que nous venons de signaler, en un mot, s'il est mieux démontré par ses successeurs que l'industrie soit subordonnée au capital et ne puisse « dans un pays aller au delà de ce que peut en entretenir le capital de ce pays. »

Voyons d'abord ce que J.-B. Say entendait par *capital*.

Cet illustre auteur, qui sentait, lui aussi, le besoin de ce que M. Ambroise Clément appelle un *vocabulaire identique* de la science économique, a essayé de combler ce vide. Pour cela, il a joint à son *Traité d'économie politique* un *Epitome des principes fondamentaux de cette science*, où il s'est appliqué à présenter, sous une forme simple et concise, la signification,—*d'après lui*, — de chacun des termes qui désignent les différents objets qu'embrasse l'étude de cette science.

A l'article *Capital* de cet *épitome*, il s'exprime

ainsi : « *Capital*. Somme de valeurs employées à faire des avances à la production. Ces valeurs, qui sont *originairement le fruit de l'industrie*, aidée de ses instruments, ne se perpétuent et ne forment un fonds productif permanent qu'autant qu'elles sont consommées reproductivement. »

Sauf une nuance, qui résulte d'un élément nouveau introduit par Say dans cette définition, c'est encore celle d'Adam Smith. C'est toujours la « portion des produits accumulés de l'industrie que l'on destine à rapporter un revenu ou un bénéfice quelconque, » ou, comme le dit Say, « que l'on destine à une *consommation reproductive* ».

La différence réelle que nous trouvons entre ces deux écrivains, c'est que Say ne voit point le capital dans les produits accumulés eux-mêmes, mais seulement dans la *valeur* de ces produits.

Si nous avions à rechercher ici, et d'une manière absolue, la signification du mot *capital*, il nous faudrait aborder dès maintenant l'étude de la *valeur* pour bien apprécier l'utilité de cet élément nouveau introduit par J.-B. Say dans la définition de son illustre prédécesseur, — mais le lecteur n'oublie point que ce qui nous intéresse actuellement, c'est le rapport que les écrivains de l'école libre-échangiste établissent entre l'industrie et le *capital*, tel qu'ils le conçoivent.

Nous venons de voir que J.-B. Say établit positivement, en termes qui ne sauraient donner lieu à aucune équivoque, que les *valeurs* auxquelles il donne le nom de *capital* sont « originairement le fruit de l'*industrie* aidée de ses instruments».

Va-t-il, en partant de cette prémisse, aboutir à la conclusion logique que nous avons formulée en commettant Adam Smith et dira-t-il que « les capitaux étant originairement le fruit de l'industrie ne sauraient s'accumuler dans une société qu'en raison directe du travail, de l'industrie des membres de cette société ? »

On pourrait le croire, en commençant la lecture de son grand *Cours d'économie politique*, car dans les *Considérations générales* par lesquelles débute ce grand ouvrage, voulant réfuter des assertions erronées de sir Francois Divernois sur les finances et la prospérité de la France, il dit de cet Anglais, « qu'il ne comprenait pas que *l'industrie intérieure est la principale source* de l'aisance d'un peuple ».

En poursuivant son cours sur la base de cette vérité incontestable et si nettement formulée par lui-même, J.-B. Say serait nécessairement conduit, sinon à rejeter complétement la doctrine d'une *liberté absolue du commerce extérieur*, ce qu'on nomme aujourd'hui le *libre-échange*, mais à admettre, tout au moins que la législation doit intervenir, ne serait-ce que par exception, dans le cas d'un peuple qui se trouverait complétement privé de cette *industrie intérieure* dont il fait la principale source de l'aisance des nations.

Mais Say, quoique fort jeune encore, avait pu voir l'abus si révoltant des *priviléges* des corps de métiers ; de ces injustes entraves que l'on opposait, sous le prétexte de protéger l'industrie nationale, à l'exercice du droit sacré des citoyens au travail.

Aussi est-il aisé de comprendre qu'un esprit aussi élevé que J.-B. Say devait préférer, dans toutes les situations possibles, la liberté la plus absolue, la plus illimitée à cette *protection* mal comprise et qui faisait violence aux droits les plus sacrés de l'homme et du citoyen. On conçoit que la *protection* se présentant d'abord à son esprit sous cette livrée de la violence et de l'injustice devait faire naître en lui une telle prévention que toutes les fois que ce mot s'est retrouvé ensuite au bout de sa logique, il a dû, comme Bastiat, « se défier de sa logique ».

Il n'est donc pas étrange de le voir tomber, en abordant le *capital* dans la même contradiction qu'Adam Smith, et dire au treizième chapitre de la première partie de son cours : « Nous avons observé les fonctions des capitaux dans les opérations productives, ou plutôt nous avons vu que *sans capitaux, il n'y a point de production.* »

Il est vrai qu'ici il y a encore une nuance à observer, et que Say ne va pas précisément aussi loin qu'Adam Smith, et que c'est la *production* seulement, et non *l'industrie* elle-même, qu'il déclare impossible sans capitaux; car au chapitre X; il venait d'exposer comment « l'action des capitaux concourt avec celle de l'industrie à la création des produits ».

Mais quelle que soit la puissance, — que nous n'entendons point nier d'ailleurs, — du concours qu'apporte le capital à l'industrie, dans la *création des produits*, si le capital lui-même n'est qu'une *accumulation de produits*, suivant Smith, ou s'il n'est que *la somme des valeurs des produits accumulés*, comme l'a dit Say, il reste toujours évident qu'il faut *d'abord* qu'il y ait eu *industrie*, qu'il y ait eu *production* pour que l'on puisse faire ces réserves, ces accumulations de *produits* ou de *valeurs* que ces écrivains désignent par le mot *capital*.

Ainsi le capital naît de l'industrie.

C'est par conséquent un raisonnement paradoxal que celui par lequel, exagérant les services, — immenses, il est vrai, — que le capital peut rendre à l'industrie, après avoir été *créé* par celle-ci, l'on va jusqu'à prétendre que « la production ne soit pas possible sans capitaux. »

Pour rentrer dans la vérité scientifique et sortir de ce paradoxe; pour rétablir les véritables relations de l'industrie et du capital et formuler la conclusion logique des leçons de J.-B. Say aussi bien que d'Adam Smith, sur la nature et l'origine de ce dernier, il faut prendre exactement la contre-partie de cette proposition paradoxale de J.-B. Say, et dire aux nations pauvres, aux peuples attardés sur le chemin de la civilisation, aux Haïtiens, par exemple :

« Il n'est point de capitaux sans production, sans industrie, sans travail; pour en avoir, vous devez les créer vous-mêmes comme ont fait les peuples qui vous précèdent dans les voies de la civilisation, — en développant « *votre industrie intérieure, seule source de la prospérité des nations ;* « vous devez les créer, comme ont fait les nations dont vous admirez l'opulence en augmentant suffisamment vos productions ou la valeur de vos productions pour qu'il vous reste, — après avoir satisfait à vos besoins actuels, — des produits ou des valeurs à accumuler en vue d'une consommation reproductive. »

Faut-il pousser plus loin cette controverse? faut-il de nouvelles preuves pour convaincre le lecteur du peu de solidité de l'argument libre-échangiste basé, d'une part, sur la dépendance absolue du capital où l'on prétend placer l'industrie, et de l'autre, sur la tendance du premier à se porter de lui-même vers les emplois les plus avantageux à la société? pour leur démontrer que cet argument n'est qu'un paradoxe et que tous les auteurs qui l'invoquent doivent se trouver en contradiction avec eux-mêmes dès qu'ils arrivent à la définition même du capital, dont ils ne sauraient trouver l'origine que dans les *produits de l'industrie*, du travail de l'homme ?

On pourrait croire le lecteur assez édifié à cet égard.

Mais puisque l'honorable M. Michel Chevalier a fait choix pour la thèse de son discours d'ouverture du cours d'économie politique au Collége de France, le 7 janvier 1870, de la question même que nous discutons : *le capital dans ses rapports avec le progrès industriel*, il convient de placer ici une courte analyse des parties essentielles de ce discours (1).

Le lecteur pourra ainsi juger quelle amélioration a pu être introduite par l'école contemporaine au vieil argument d'Adam Smith.

« Un mot d'abord, nous dit M. Michel Chevalier, sur ce que c'est que le capital. On le définit ordinairement *le produit d'un travail antérieur consacré à alimenter ou à seconder le travail actuel*. Cette définition, continue l'illustre professeur, a besoin seulement, pour être bien comprise, de quelque commentaire. On est porté, en général, à considérer les capitaux comme des sommes d'or et d'argent. Cette manière de voir est erronée. L'or et l'argent, ou la monnaie qui est faite

---

(1) Voir *Journal des économistes*, n° de janvier 1870.

de ces deux métaux, servent de dénominateur commun pour les capitaux. Chaque capital peut s'évaluer en or et en argent, s'échanger contre une quantité de l'un ou de l'autre, et de temps en temps, il subit ou paraît subir cette conversion. Mais autre est la substance même du capital. Tous les approvisionnements de matières qui servent à l'industrie, les métaux, les textiles, les drogues tinctoriales et les réactifs, les combustibles, les denrées alimentaires, les amoncellements de produits ébauchés ou complétement fabriqués qui emplissent les manufactures et les magasins ; tout cela, c'est du capital ; ce sont les fruits d'un travail précédent, destinés à entretenir le travail présent ou futur et à sustenter le personnel qui s'y livre. Les routes, les canaux, les chemins de fer sont du capital. Accomplis par un travail quelquefois immense, ils ont pour objet de faciliter des travaux nouveaux. Les machines et les outils sont du capital sous une forme remarquablement efficace ; car, résultats d'un travail ingénieux, ils donnent ensuite au travail une précieuse assistance. »

Après une telle définition du capital, M. Michel Chevalier ne saurait, comme ses prédécesseurs que nous venons de commenter, soutenir « que l'industrie d'un pays ne saurait jamais aller au delà de ce que peut en entretenir le capital de ce pays, » ou « que sans capitaux, il n'y a point de production ».

Loin de là, il faut qu'il y ait eu un travail *antérieur*, pour que le capital existe et prête son concours au travail, à l'industrie *actuelle* ; d'où il suit que l'*industrie actuelle* doit produire les capitaux dont la puissance aidera au développement de l'*industrie de l'avenir*.

Admettant que l'*industrie*, pour donner naissance au *capital*, a dû le précéder et exister sans lui, il cite deux exemples remarquables qui se sont produits dans le même pays, en Égypte, et dans un même genre de travail, la construction des canaux. Dans le premier cas, il nous montre l'*industrie sans capital* dans la construction du canal Mahmoudié entrepris par le célèbre Méhémet-Ali, entre Alexandrie et le Nil. Dans le second cas, celui du grand canal Lesseps, il nous montre l'industre armée de toute la puissance des capitaux.

Dans cette comparaison, le savant orateur avait en vue de démontrer à ses auditeurs dans quelle immense proportion le capital *ajoute* à la *puissance productive* de l'homme.

Seulement, — que M. Michel Chevalier veuille bien nous pardonner cette opinion, — nous craignons qu'il ne soit tombé à cet égard dans un paradoxe du genre de celui de Rousseau, sur l'*homme à l'état de nature* comparé à l'*homme civilisé*.

En effet, il nous dit que « la *puissance productive de l'homme primitif*, de l'homme dépourvu de capital, est tellement faible, que c'est une humiliation pour l'orgueil naturel à notre espèce. »

Nous contestons que la *puissance productive* de l'homme soit, comme il le dit, une quantité déterminée à laquelle on puisse rien *ajouter*, dont on puisse rien retrancher. C'est une *force naturelle* aussi impondérable que l'intelligence, dont elle procède d'ailleurs. De même que celle-ci se développe et acquiert plus ou moins d'intensité, devient plus ou moins efficace par l'*instruction* qui n'y ajoute absolument rien; ainsi la puissance productive de l'homme se développe et devient plus efficace à mesure qu'*elle a produit* et qu'elle utilise plus de *capitaux*.

Nous ne saurions concevoir *l'instruction sans l'intelligence*, qui est la faculté naturelle de s'approprier les connaissances acquises par d'autres et d'y ajouter par nos propres observations.

Le *capital* ne se conçoit pas davantage sans la *puissance productive de l'homme*, qui est précisément la force naturelle qui doit nous aider à faire sortir ce capital du néant.

Nous avons dit de l'esprit humain, à la page 20 de ce travail, « que c'est une source merveilleuse qui s'élargit à mesure que nous y puisons davantage ». La même pensée s'applique à la puissance productive de l'homme : elle se développe et acquiert plus d'intensité à mesure que nous lui demandons davantage.

La force élastique de la vapeur est une force naturelle qui existe indépendamment de la perfection ou de la dimension des machines que l'homme a produites pour la soumettre à son empire.

Dans quelque condition qu'il nous plaise de concevoir la vapeur, elle ne saurait se présenter à notre pensée, privée de sa *force élastique ;* nous ne comprenons pas mieux l'homme privé de sa *force intellectuelle* ou de sa *puissance productive*, qui ne peut être que l'une des formes de l'intelligence, ou plus correctement l'un de ses aspects.

M. Michel Chevalier et avec lui tous les économistes contemporains ont à faire face à l'un de ces épouvantables problèmes qui se dressent de temps en temps sous les pas de la civilisation. Celui-ci étend son ombre sur presque toute l'Europe occidentale et y pousse les classes ouvrières à ces grèves terribles, à ces excès de violence, dont le fameux gouvernement de la *Commune de Paris* vient d'être la plus haute en même temps que la plus sanglante expression. Ce problème se formule ainsi : Y a-t-il antagonisme entre la classe des capitalistes et celle des ouvriers salariés ? Si oui, comment la législation doit-elle intervenir pour protéger efficacement la plus faible des deux? Si non, comment doit-elle s'y prendre pour introduire dans les relations entre ces deux classes la pratique d'une harmonie affirmée en théorie?

Comme Adam Smith écrivait pour l'Angleterre et les Anglais de son temps, ainsi M. Michel Chevalier écrit pour la France et les Français de notre époque.

Adam Smith avait l'avantage, en jetant les fondements de la science économique, de n'appartenir à aucune école, à aucune secte. Suivant librement l'enchaînement des faits, rien ne pouvait le gêner et l'empêcher de conclure suivant la logique plus ou moins rigoureuse de ses raisonnements; tandis que M. Michel Chevalier s'avoue libre-échangiste et appartient à ce titre à une véritable secte philosophico-économique, c'est-à-dire qu'il a une conclusion finale, adoptée *à priori* et vers laquelle son esprit doit toujours tendre forcément, quelle que soit la puissance de la logique qui, dans le cours de ses savantes recherches, pourrait l'entraîner à des conclusions différentes.

Si Adam Smith, dans ces conditions si différentes de liberté d'esprit, a pu asseoir un argument sur un paradoxe, combien n'était-il pas plus difficile à M. Michel Chevalier d'éviter cet écueil?

Or, le paradoxe de la *force productive des capitaux* s'ajoùtant à la force productive de l'homme, est le seul genre d'augmentation dont puisse s'étayer l'école libre-échangiste, pour démontrer aux classes ouvrières qu'elles ne doivent attendre d'amélioration à leur sort que de l'accroissement et de la concurrence des capitaux.

Voici comment s'établit la chaîne de cette argumentation dans le discours même de M. Michel Chevalier :

Par ces mots : la *puissance productive de l'homme*, il faut entendre une chose qui est *visible, tangible et pondérable*.... La puissance productive de l'homme dépourvu de capital est tellement faible que c'est une humiliation pour l'orgueil naturel à notre espèce. La puissance productive de l'homme ne devient considérable que lorsqu'il est armé d'un capital.... On a calculé que si l'on devait faire à la main les fils de coton que fabrique l'Angleterre seule, il n'y faudrait guère moins de 100 millions d'ouvriers, et c'est à peine si cette industrie y occupe un million d'hommes... La conséquence de la grande puissance productive qui résulte de l'assistance fournie par le capital, c'est tout naturellement l'abondance à la place de la pénurie..... c'est le bon marché des produits, car abondance et bon marché des produits sont synonymes... *Ainsi l'accélération dans la création des capitaux est un des mobiles les plus efficaces pour l'amélioration du sort du grand nombre*..... Ainsi, quand l'ouvrier traite de l'emploi de ses bras avec le capitaliste, LA CONCURRENCE FONDAMENTALE N'EST PAS CELLE QUI S'ÉTABLIT ENTRE EUX..... Il y en a une autre qui a plus d'influence sur le sort de l'ouvrier : c'est celle du capitaliste avec son pareil, *jaloux* comme lui de faire valoir leurs fonds..... Le fait décisif pour le bien-être de l'ouvrier, c'est la lutte entre les capitaux qui se disputent les bras. Tout accroissement de ces capitaux ajoute quelque chose à la valeur vénale du travail des populations. »

Étrange raisonnement ! Ainsi dans les cas où la puissance du capitaliste s'accroît par une répartition injuste des *profits bruts* qui permet au patron d'augmenter ses *bénéfices* par l'insuffisance du *salaire* de ses ouvriers, ceux-ci doivent se réjouir de l'événement qui va permettre la concurrence *fondamentale* pour eux, des capitaux jaloux de s'employer ! Ainsi, l'antagonisme de l'ouvrier et du capitaliste ne peut jamais exister, car lors même que l'état du marché est tel que l'ouvrier devient victime d'une véritable spoliation de la part de ceux qui l'emploient, c'est encore pour son plus grand avantage, vu la *concurrence fondamentale* des spoliateurs entre eux ! Ainsi, plus le patron s'enrichit, plus ses capitaux augmentent, plus l'ouvrier sera près du bien-être, de l'aisance, encore même que ce soit la réduction des salaires qui donne lieu à cet accroissement des bénéfices ! Il n'y a pas de concurrence entre le capitaliste et l'ouvrier, il n'y en a qu'entre capitalistes et capitalistes, et par conséquent entre ouvriers et ouvriers.

M. Chevalier, ce nous semble, n'a pas assez tenu compte de cette dernière concurrence; s'il est vrai qu'une concurrence existe entre les capitaux jaloux de s'employer, il en est une aussi entre les bras des pauvres gens non moins jaloux de s'employer. — La *concurrence fondamentale* se trouve à cause de cela entre les capitalistes en masse d'un côté et les ouvriers en masse de l'autre, pour l'établissement du taux moyen des *salaires.* — Dans cette concurrence, c'est le *moins pressé* qui doit l'emporter, — c'est celui qui peut le moins attendre qui doit céder. Celui-là n'est point le capitaliste, le millionnaire qui, si jaloux qu'il soit de tirer un revenu de ses fonds, ne peut être si *pressé* de courir après des bras auxquels il faut *immédiatement un salaire* pour ne point tomber inertes le long d'un corps sans vie.

Ce paradoxe du bien-être de l'ouvrier dépendant de l'accroissement de la puissance des capitalistes s'enchaîne, comme on le voit, à la doctrine de Malthus sur l'excès de population, car, d'après ce qui précède, l'une des meilleures choses, ou plutôt la seule que puisse faire l'ouvrier pour améliorer son sort, ce sera de limiter de son côté la *concurrence des bras* en pratiquant la *contrainte morale*, c'est-à-dire en renonçant aux seules joies que puisse souhaiter un honnête homme : les joies de la famille, le bonheur du foyer domestique, — il lui faudrait renoncer aussi à ce *bien-être matériel* même que les libres-échangistes lui montrent en perspective et se priver de tout ce qui n'est pas strictement indispensable à la vie végétative, — afin de devenir capitaliste à son tour, afin d'avoir de l'argent à placer, afin de s'approprier, enfin, une partie de cette force productive placée en dehors de l'homme, mais tellement supérieure à la science, que dans les filatures anglaises, elle peut s'évaluer à quatre-vingt-dix-neuf fois la puissance productive de l'homme.

Ce sont les conclusions de cette nature qui faisaient dire de l'Économie politique par Lanjuinais que, « la tête courbée vers la terre, elle n'estime que les biens qu'elle donne et les valeurs qu'y ajoute l'industrie ; » ce sont de telles conclusions qui lui ont valu de la part de quelques autres écrivains l'épithète de *science sinistre*.

L'homme que nous propose l'école libre-échangiste n'est pas dans la nature, — c'est un être de convention, et la doctrine qui conclut à changer la nature humaine ne saurait être une doctrine scientifique, — puisque la mission de la science est de constater ce qui est. On fait de la science lorsqu'on étudie l'homme tel qu'il est et qu'on démontre sa véritable nature, mais c'est de la pure utopie que de prétendre à réformer la nature et à indiquer aux hommes comment ils devraient être.

Cet animal, sans famille, sans passion, sans amour, autre que celui de l'argent, vivant simplement, sobrement entre sa chambrette, son atelier et la caisse d'épargne, cet homme du libre-échange peut être, selon le point de vue où l'on se place, le Caton de la Rome antique ou bien l'Harpagon de Molière, — mais ce n'est certainement pas le modèle ordinaire des hommes, des ouvriers.

A ceux-ci, il faut non point les théories d'abstinence mystique ou économique, mais bien l'une de ces deux réalités :

La famille ou le cabaret.

Les vertus du foyer domestique, ou bien les vices de la rue.

CHAPITRE TROISIÈME

THÉORIE DES DÉBOUCHÉS DE J.-B. SAY.

Prenant le *Cours d'économie politique* de J.-B. Say pour y revoir sa théorie des débouchés que nous nous proposons d'analyser dans ce chapitre, nous ouvrons au hasard son premier volume ; c'est à la page 548, et nos regards y rencontrent quelques lignes très-remarquables, sur lesquelles nous prions le lecteur de s'arrêter un instant avec nous.

« Bien que le système exclusif se fonde, dit J.-B. Say, sur de mauvais principes et conduise à de dangereuses conséquences, *il doit être considéré néanmoins comme un pas fait dans la carrière de la civilisation*. Quoiqu'il n'eût au fond d'autre motif que de procurer de l'argent aux princes, *il a favorise une production réelle!*

Étrange abus de mots, tombé de la plume de l'un des plus grands penseurs du dix-neuvième siècle !

Ainsi, un honnête homme, estimé de ses concitoyens, se voit appelé à un poste éminent, d'où il peut exercer une influence bonne ou mauvaise sur les destinées de son pays, s'effraie d'une si haute responsabilité ; se défie d'autant plus de son propre jugement qu'il sera plus instruit et saura mieux apprécier tout le savoir qui lui manque. Cet homme, dans sa candeur, veut prendre les conseils de la *science* avant d'agir. Il prend le grand ouvrage de J.-B. Say et y cherche une réponse à cette question :

« L'industrie nationale a-t-elle droit à la protection du gouvernement? »

Puis il arrive, en parcourant le livre placé entre ses mains, à cette page où l'auteur lui répond : NON! au nom de *l'Économie politique*, qui est LA SCIENCE, car « le système exclusif se fonde sur de mauvais principes et conduit à de dangereuses conséquences. Il n'a au fond d'autre motif que de procurer de l'argent aux princes. »

En même temps que par les mots en italique, il lui dit : OUI ! au nom de *l'Histoire*, qui est aussi *la science*, car « le système exclusif doit être considéré comme un pas fait dans la carrière de la civilisation. Il a favorisé une production réelle.

Ni oui, ni non! cela peut être, dans la bouche d'une jolie femme, une répartie spirituelle, enseignée par Arsène Houssaye à ses belles lectrices.

Mais J.-B. Say était un savant, un vrai savant dont le nom fait autorité; il ne faisait pas de l'esprit, mais de la science, une science incomparablement plus importante qu'aucune autre par l'influence qu'elle doit exercer sur le sort de l'humanité. Car, de l'application des *principes* qu'elle recommande à la pratique des hommes d'État, peut sortir une longue suite de souffrances ou de prospérité pour les peuples, suivant que les *observations* sur lesquelles s'appuie cette science auront été bien ou mal faites ; suivant que l'*analyse* de ces observations aura été ou logique ou sophistique ; suivant enfin que les conclusions qu'on tire de ces analyses seront *vraies* ou *fausses*.

Aussi ne pouvons-nous accepter cette affirmation et cette négation simultanées de J.-B. Say.

Et, pour dégager exclusivement le *oui* ou le *non* que contient ce passage du savant économiste, soumettons-le à notre tour à l'analyse.

A cet effet, commençons par établir les *faits observés*, d'autant plus que dans ce passage, extrait de son chapitre sur l'histoire de l'économie politique, ce sont surtout les faits que l'auteur voulait mettre en relief.

Il y a ici deux faits distincts, observés par J.-B. Say.

1° Le *motif* du système exclusif : son but n'a été au fond que de procurer de l'argent aux princes.

2° Le *résultat* de ce système, quand on l'a mis en pratique, a été de favoriser une *production réelle*, de déterminer l'accomplissement d'un pas dans la carrière de la civilisation.

Il nous semble que dans cette contradiction ou plutôt dans cette différence entre les résultats atteints et le but proposé, il n'y a rien qui ne soit tout à l'avantage du système exclusif, rien qui justifie J.-B. Say de l'avoir accusé de « conduire à de dangereuses conséquences ».

De l'étude attentive des deux faits observés par lui, nous ne pouvons voir découler qu'une grande loi harmonique : celle de la *solidarité*.

En effet, dans les époques de transition, entre l'enfance et la maturité des peuples; dans les temps d'adolescence des sociétés humaines, on voit l'autorité des gouvernements perdre sans cesse de ce prestige, de la puissance paternelle, patriarcale des temps primitifs, sans pouvoir encore s'exercer sur le terrain plus ferme de la vraie sanction nationale; celle-ci ne peut être donnée que par la libre discussion, ce qui suppose des peuples au sein desquels il s'est répandu assez de lumière pour que la souveraineté populaire y soit exercée sans danger d'anarchie. Dans ces temps que nous rappelons, les gouvernants ne peuvent manquer pourtant de s'apercevoir qu'à mesure que l'humanité avance, c'est-à-dire à mesure que l'homme l'emporte sur la nature dans sa double lutte contre celle-ci, pour lui arracher le secret de ses *forces* par la *science*, et pour employer ensuite ces forces à son profit par le *travail* et les faire concourir à son bien-être; en d'autres termes, à mesure que l'esprit humain acquiert de l'empire sur la matière qui nous environne et que la société grandit en *savoir* et en *richesses*, les peuples deviennent de moins en moins dociles à porter le joug d'un pouvoir absolu et sans contrôle.

Alors cette autorité patriarcale, la royauté, dont le prestige s'en va toujours diminuant, sent bien que l'*amour* a cessé d'être le lien de *solidarité* entre les membres d'une société devenue trop étendue pour régler, — comme dit le vulgaire, — ses affaires en famille; elle voit bien que l'*intérêt* s'est introduit peu à peu dans tous les arrangements sociaux et reste seul consulté désormais.

Que fait alors la royauté?

Elle se cramponne au passé pour sauver son *intérêt* à elle.

Mais un gouvernement, quand il se mêle d'avoir un *intérêt particulier*, un *intérêt à lui* en tant que gouvernement, — qu'il soit présidé par une majesté, comme dans les vieilles et opulentes sociétés européennes, ou par une simple excellence, comme dans les petites républiques du Nouveau-Monde, ce gouvernement ne peut manquer de *sentir* que cet intérêt, le *népotisme*, est anti-social, qu'il est opposé à l'*intérêt général*, antipathique à la civilisation.

Ces deux intérêts antagoniques mis en présence doivent fatalement entrer en lutte. Qui des deux l'emportera?

L'humanité rétrogradera-t-elle jusqu'au point de départ, pour faire disparaître l'intérêt gouvernemental avec le mobile même de tout intérêt, en revenant à ce cercle étroit où l'*affection* reprend son empire au sein d'un commun dénûment; pour reprendre encore sa marche en avant, puis revenir encore en arrière, puis recommencer et rouler ainsi un éternel rocher de Sysiphe dans les voies de la civilisation?

Ou bien, continuera-t-elle sa marche progressive, malgré l'intérêt gouvernemental, malgré les obstacles du népotisme, jusqu'à ce que cet intérêt anti-social disparaisse écrasé par le triomphe de l'intérêt général, — ou l'efface en se mettant au service de cet intérêt général, dont il est le plus dangereux ennemi, sous le paradoxe d'une *monarchie constitutionnelle* ou d'une *présidence à vie?*

A voir les forces irrésistibles mises au service de l'*intérêt gouvernemental*, son triomphe ne paraît pas douteux.

D'abord une alliance monstrueuse et formidable se forme entre l'autocratie et la théocratie pour s'opposer au progrès de ces lumières également funestes à l'une et à l'autre, et retenir les peuples dans les liens de l'ignorance et de la superstition. Donne-moi honneurs, dignités, jouissances, pouvoir, en asservissant *les bras*, dit celle-ci. — Rends-moi, répond celle-là, honneurs, dignités, jouissances, pouvoir, en asservissant les *consciences*. Le marché est bientôt conclu ; la *question d'État* s'unit à la *question de foi ;* tout devient *question tabou* dans la société, comme disait Fr. Bastiat ; le libre examen est interdit ; la liberté, anéantie. Et tandis que le *Micado* fait tinter aux oreilles des pauvres âmes timorées les clefs du paradis pendues à sa ceinture, le *Koubo* devient *fils du ciel* et RÈGNE, c'est-à-dire persécute, emprisonne, bannit, égorge, pend, fusille de *droit divin* et demeure Roi.

C'est ainsi que la chose s'est passée ou se passe dans le monde entier ; c'est ainsi qu'elle s'est passée autrefois dans la vieille Europe ; c'est ainsi qu'elle se passe maintenant encore dans plus d'un grand empire de l'Orient et dans la plupart des petites républiques du Nouveau Monde.

L'alliance scellée, les deux *empereurs*, — quand cette double puissance ne se concentre pas sur une seule tête, — peuvent trôner à côté l'un de l'autre et également appuyés, sur les deux puissantes armées, du clergé, — qui porte les foudres du ciel, — et de la noblesse, qui porte les foudres plus terrestres mais non moins efficaces de la guerre. Et tandis que l'un prêche le *dévouement à la personne* du monarque, du chef de l'État, quelque nom qu'on lui donne, enseigne aux enfants le *Domine salvum* et excommunie les criminels de *lèse-majesté*, l'autre ira sous les murs de Béziers combattre l'arme au poing les criminels *d'hérésie*.

Et le peuple asservi, qui d'en bas, de bien bas, ose à peine, en étouffant ses terribles grondements, porter ses regards sur la pompe éblouissante de ses maîtres, le peuple devient de la *plèbe*. Et ces hommes qui seront plus tard des *citoyens*, s'appellent, ici des *serf;* là des *parias;* ailleurs de la *canaille;* c'est-à-dire qu'ils sont *esclaves!*

L'intérêt général est vaincu.

La société n'a plus de raison d'être que pour les jouissances d'un homme, le roi, le chef de l'État ; les actions des autres hommes, les sujets, ont cessé d'avoir pour mobile leurs propres intérêts et se dirigent désormais sur ce qui convient à la satisfaction du roi. Ce n'est plus la *loi* qui marque la limite entre ce qui est permis et ce qui est défendu, c'est le *bon plaisir* d'un homme, le roi, le chef de l'État. Le népotisme, l'intérêt gouvernemental triomphe, et le roi, le chef de l'Etat, confondant, bouleversant toutes les notions du langage, aussi bien que de la justice et de la raison, peut s'écrier désormais : *l'État c'est moi!*

Dès lors, la société semblerait non-seulement devoir s'arrêter nécessairement dans sa marche progressive, mais encore prendre fatalement la pente rétrograde.

Mais, voyez le jeu merveilleux de ce ressort

social, de cette intervention providentielle qu'on nomme la *solidarité*; admirez la sublimité de cette sagesse divine qui préside d'en haut à tous les arrangements de ce bas monde et qui a voulu qu'au moment précis où l'asservissement du peuple est consommé et où devait commencer la décadence des lumières en même temps que de la richesse; qui a voulu que ce soit à ce moment même que l'œuvre de l'affranchissement des opprimés commence, et qu'elle commence sous l'impulsion même des oppresseurs, pour marcher plus ou moins rapidement, mais sans jamais plus s'arrêter, jusqu'à ce que ceux-ci soient anéantis ou réduits à l'impuissance; qui a voulu qu'au moment de son triomphe le plus complet, l'*intérêt gouvernemental* commence lui-même, et sans le vouloir, à préparer le triomphe futur de cet *intérêt général* qui doit tôt ou tard l'anéantir; qui a voulu enfin qu'au moment même de sa plus grande puissance, la *monarchie* ou l'*absolutisme*, quelque nom qu'il revêt, donne l'impulsion à la *civilisation* qui conduit nécessairement les peuples à la *liberté*, à la *République*.

Voyons comment s'accomplit cette œuvre.

Quelque puissants que soient le potentat et les courtisans et les évêques qui l'entourent, quelque convaincus que soient les sujets de ce *droit divin* du prétendu fils de Dieu qui règne sur eux, le roi n'en a pas moins des *besoins* auxquels il lui faut satisfaire comme le dernier des sujets. Or, les besoins d'un monarque absolu sont aussi vastes que l'imagination. Un fils de Dieu ne saurait aller dans le simple attirail du commun des hommes, il lui faut se montrer à ses adorateurs entouré de ce luxe éblouissant qu'on appelle la *pompe royale*. Il faut encore, pour la sauvegarde de l'intérêt gouvernemental, qu'il y ait une profonde ligne de démarcation entre les *grands*, c'est-à-dire le clergé et la noblesse qui soutiennent le trône, et les *petits*, c'est-à-dire le peuple qu'il importe de museler; entre les *dogues* qui peuvent mordre, et les *moutons* qu'il s'agit de tondre en paix.

Cette ligne de démarcation, c'est l'aisance des *grands* comparée à la misère des *petits* qui la tracera, et ce sont les *sinécures*, c'est-à-dire la part de curée des grands dans la *spoliation* générale des petits, qui y pourvoiront. Et voilà la société partagée en deux grandes classes : d'un côté, *la canaille*, c'est-à-dire les hommes qui produisent tout et n'ont pour toute récompense que la misère et le mépris attaché à leur qualité de *roturiers* ou de *travailleurs*, c'est-à-dire d'hommes vivant à la sueur de leur front ; de l'autre côté, le cercle plus étroit qui prend de lui-même et comme par excellence le titre de *société*, et se compose de gens ayant pour tout état : en temps de paix, de chanter les louanges du roi, du chef de l'État, de persécuter et les ennemis du roi et ceux qu'il croit les siens, et ceux que lui prêtent ou lui font ces zélés; en temps de guerre, de se faire casser la tête, s'ils en ont le courage, non pour le roi, le chef de l'État comme ils le lui jurent, mais bien plutôt pour conserver, pour sauver leurs sinécures, ou s'en procurer de plus grasses, — et qui tous se livrent, en attendant, à de larges consommations sans rien produire; qui font même consister l'*honneur* de leur nom à être descendus de parents qui n'ont jamais *dérogé*, c'est-à-dire qui n'ont jamais *travaillé* et qui ont toujours vécu de rapines effectuées à main armée, ce qu'ils ont glorifié sous le nom de *conquête* ou de spoliation légale, c'est-à-dire de sinécures octroyées par la couronne, ce que Dessalines, le premier empereur des Haïtiens, appelait spirituellement : « *des poules à plumer* ».

Mais cette pompe royale, ce luxe des grands, il faut que Sa Majesté y pourvoie. Or, malgré la fiction du droit divin, le fils de Dieu, — qui peut d'un signe de sa main séparer le père de ses enfants, l'épouse de son époux, envoyer des centaines de pères de famille errer sur la terre étrangère ou pourrir au fond de ses cachots, de ses pontons, qui peut même, à sa fantaisie, comme Henry Christophe, un autre monarque haïtien, *changer* les têtes assez inintelligentes pour ne point comprendre et chanter sa gloire ; ce fils de Dieu, qui peut faire rentrer hommes et choses dans le néant, n'en peut rien faire sortir d'un simple *fiat !*

Il lui faut tout *acheter*, et le dévouement de ses courtisans, et la fidélité de ses soldats et les services de ses espions, des exécuteurs de ses hautes œuvres, et l'amour de ses maîtresses, et même le paradis de ses confesseurs.

Et pour acheter tout cela, il lui faut, comme à maître Patelin... de l'*argent !*

L'argent ! un vil métal, ce prosaïque instrument des ventes et des achats, cette chose que la *noblesse*, la *société*, prétend mépriser et considérer comme digne tout au plus des convoitises de la plèbe, de la canaille, l'argent ! voilà la puissance qui fait descendre les monarques absolus des nuages de leur majesté et leur rappelle brutalement que, quoi qu'ils fassent, ils ne peuvent cesser d'être des *hommes;* qui crie à leurs oreilles et sans crainte d'aucune bastille : Majesté, Excellence, fictions que tout cela ; pour vivre, il n'y a que deux moyens, celui ordonné par le Créateur et pratiqué par Jacques Bonhomme : travailler à la sueur de son front, ou bien celui qui est défendu par l'Évangile, mais pratiqué par Cartouche et les rois absolus : prendre le bien d'autrui, se l'approprier injustement, c'est-à-dire *spolier*, c'est-à-dire *voler !* — Voler de par la loi, voler malgré les lois, telle est la nuance qui sépare le roi et ses fidèles de Cucumetto ou de Fra Diavolo et leurs bandes.

L'argent ! ce signe conventionnel du matérialisme, voilà la puissance inattendue qui vient crier à celle du chef absolu : Arrête, tu n'iras pas plus loin !

En effet, on ne peut plus soutirer l'argent du peuple après qu'on lui a déjà tout pris ; on ne peut plus le voler quand il est ruiné, et les partisans du droit divin sont bien forcés de reconnaître avec le vieux proverbe que « là où il n'y a rien, le roi perd ses droits ».

Or, au moment où l'absolutisme a atteint son succès le plus complet ; au moment où la royauté n'a plus qu'à s'envelopper dans sa pourpre pour jouir de son triomphe ; à ce moment où les dépenses de plus en plus élevées du potentat font aller en augmentant son besoin d'argent ; c'est alors que commence la ruine des *travailleurs*, du peuple, c'est alors que la production nationale doit tendre à décliner rapidement sous l'empire de ce profond mépris du travail et des travailleurs, inspiré aux classes les plus éclairées, dans le but égoïste de sauvegarder l'intérêt gouvernemental.

Ainsi, tandis que les besoins de la couronne augmentent, la source de ses recettes tarit, et l'absolutisme aux abois se voit menacé de périr par les *finances* alors même que son triomphe le plus complet s'affirme.

Restaurer les finances, se procurer de l'argent devient désormais la grande affaire du pauvre chef absolu. La fertile imagination des courtisans est mise à contribution. On écrase d'impôts le pauvre peuple « taillable et corvéable à merci ».

On engage l'avenir en recourant à des emprunts de toute nature; on élève le taux des taxes existantes ; on en crée d'autres ; on aliène les revenus, puis le fonds du domaine public ; on a enfin recours à la suprême ressource des rois absolus : on altère la monnaie. Rien ne peut combler le vide. C'est un gouffre sans fond qui s'élargit sous les marches du trône et menace d'engloutir la monarchie et avec elle la nation tout entière.

C'est l'abîme de la misère où tout va s'écrouler.

A cette heure suprême où l'absolutisme a usé et abusé de tous les expédients que peut inventer l'imagination, sans parvenir à arrêter dans sa marche progressive ce que Mirabeau appelait « le mal hideux du *déficit* », il est bien forcé de reconnaître que le *bon plaisir* n'est pas tout en ce monde, et qu'il n'est peut-être pas impossible que la *science* soit bonne à quelque chose.

Alors, bon gré mal gré, la *question financière* est mise à l'étude.

On est alors, comme nous l'avons dit à la page 37, sur le point de tangence. Cependant vienne un Vauban qui essaye de démontrer cette vérité incontestable que nous avons formulée précédemment, « que l'aisance du gouvernement, c'est-à-dire la prospérité des finances, ne saurait exister sans la prospérité, l'aisance dans tout le corps social », il est probable que cet appel en faveur de l'*intérêt général* donnera l'alarme à l'*intérêt gouvernemental ;* il est probable que cette grande vérité sera d'abord considérée comme un sacrilége ; que le livre qui la renferme sera accusé « de contenir plusieurs choses contraires à l'ordre et à l'usage du royaume » et que, sur ce considérant, il sera ordonné par le roi ou son conseil : « qu'il soit fait recherche dudit livre et que tous les exemplaires qui s'en trouveront soient saisis, confisqués et mis au pilon ; en même temps qu'il sera fait défense par S. M. à tous libraires d'en garder ni vendre aucun à peine d'interdiction et de mille livres d'amende. » (1)

Mais cette vérité, — quelque pénible qu'elle soit à l'absolutisme, n'en est pas moins la vérité ; qui a ses droits, des droits absolus avec lesquels il faut compter. Et, s'il existe dans le royaume un de ces hommes de grand savoir, mais qui n'affichent aucune prétention à la science, à ce flambeau dont l'absolutisme, à force de craindre les lumières, doit haïr jusqu'au nom ; un de ces hommes qu'on appelle *hommes de pratique* et qui,

---

(1) C'est le texte même de l'arrêt royal dont le célèbre livre de Vauban a été l'objet :(Voir *la Dîme royale* dans la collection des *Économistes financiers*, Guillaumin.)

comme les savants de profession, observent les faits, les analysent et en tirent les conséquences — sinon comme ces derniers pour servir l'humanité en général, en augmentant par leurs travaux la somme des connaissances acquises—mais seulement pour en déduire les *principes* dont ils feront la règle de leur conduite dans les affaires de ce monde ; s'il se trouve un tel homme, un Colbert, dans le royaume, il sera appelé auprès du roi.

Et, tandis que Louis XIV ne lui demande que la *fin*, c'est-à-dire de l'*argent* pour faire ses guerres, pour bâtir ses palais, pour solder ses espions, pour entretenir son luxe, celui de ses bâtards, de ses maîtresses, de ses confesseurs, de ses courtisans, Colbert, sans dire « des choses contraires à l'ordre et à l'usage du royaume », se mettra simplement à l'œuvre et emploiera les *moyens* ; laissant à la postérité le soin de dégager les théories de sa pratique même et de juger, par les résultats de l'une, de la valeur des autres.

Que si son système est reconnu par l'illustre écrivain que nous commentons « avoir favorisé une *production réelle*..., relevé les arts utiles dans l'estime des hommes et surtout des gouvernements qui ne considéraient auparavant les industrieux que comme des serfs qu'on pouvait impunément vexer », il n'est que logique et juste de conclure, comme l'a fait J.-B. Say sur de si puissants témoignages de l'histoire, que « ce système doit être considéré comme un pas fait dans la carrière de la civilisation ».

Ce système — et c'est là le point essentiel du grand débat économique entre les socialistes contemporains — ce système n'a donc pas appauvri les peuples chez lesquels il a été pratiqué, « en les forçant de produire à un prix plus élevé, mais par leur propre industrie, ce qu'ils pourraient se procurer à meilleur marché par le moyen de l'échange des produits bruts de leur agriculture contre les produits achevés des nations plus avancées en industrie manufacturière. »

Il n'a donc pas toujours donné lieu « seulement à une production factice et ruineuse », comme le prétend ailleurs J.-B. Say et avec lui toute l'école libre-échangiste, — mais il a aussi *favorisé une production réelle;* il a par conséquent déterminé un accroissement de la richesse nationale, augmenté l'empire de l'homme sur la nature; préparé l'affranchissement des classes opprimées, en nivelant les inégalités sociales — non par l'abaissement des grands, non par un mouvement rétrograde de la société vers un dénûment absolu et une ignorance commune—mais en élevant le prolétaire, par la marche progressive des connaissances et des richesses; en un mot, par la civilisation.

Sont-ce de tels résultats qui pourraient justifier

J.-B. Say d'accuser le système de Colbert d'être fondé sur de mauvais principes et de conduire à des conséquences dangereuses?

La conséquence finale de ce système, Say le reconnaît lui-même, a été de faire faire à la nation un pas dans la carrière de la civilisation.

Quant au principe — qui consistait à vouloir le développement et l'accroissement de la production nationale, il n'est autre qu'une conclusion rationnelle de cette célèbre *théorie des debouchés*, que Say lui-même a eu la gloire de formuler.

« Les débouchés ne sont réduits, dit J.-B. Say, que par la nécessité où se trouvent les consommateurs de payer ce qu'ils veulent acquérir. Ce n'est jamais la volonté d'acquérir qui leur manque, c'est le moyen.

« Or, ce moyen, en quoi consiste-t-il? C'est de l'argent, s'empressera-t-on de répondre. J'en conviens; mais je demande, à mon tour, par quels moyens cet argent arrive dans les mains de ceux qui veulent acheter; ne faut-il pas qu'il soit acquis lui-même par la vente d'un autre produit? L'homme qui veut acheter doit commencer par vendre, et il ne peut vendre que ce qu'il a produit ou ce qu'on a produit pour lui. Si le propriétaire foncier ne vend pas par ses propres mains la portion de récolte qui lui revient à titre de propriétaire, son fermier la vend pour lui. Si le capitaliste qui a fait des avances à une manufacture pour en toucher les intérêts ne vend pas lui-même une partie des produits de la fabrique, le manufacturier les vend pour lui. *De toutes manières, c'est avec des produits que nous achetons ce que d'autres ont produit.* Un bénéficier, un pensionnaire de l'État eux-mêmes, qui ne produisent rien, n'achètent une chose que parce que ces choses ont été produites, dont ils ont profité » (1).

Voilà la théorie des débouchés !

Cet exposé est si clair, si simple, et repose sur des faits si incontestables, qu'il semble que cela doit être à la portée des esprits les plus médiocres.

Aussi cette théorie n'a-t-elle jamais donné lieu, que nous sachions, à aucune controverse sérieuse.

Mais, comme on a eu souvent occasion de le remarquer avant nous, la grande difficulté en économie politique, comme dans toutes les sciences morales et politiques, consiste bien moins à formuler les *principes* qu'à en déduire les conséquences. — En cela, comme en philosophie, il est plus aisé de s'entendre sur les prémisses que sur les conclusions.

Les sciences morales diffèrent en effet des sciences physiques en ceci que leurs conclusions ne peuvent être vérifiées que par la logique, qui

(1) J.-B. Say, *Cours d'économie politique,* vol. I, page 341.

est une faculté mentale, dont les erreurs ne peuvent jamais être relevées par le simple témoignage des sens. — Il est vrai que, dans tous les cas, c'est l'*expérience* qui confirme toutes les conclusions scientifiques, qui doit même les confirmer avant qu'elles puissent revêtir ce caractère d'évidence, d'absolue vérité, par lequel un principe scientifique devient *axiome*.

Mais, dans les sciences physiques, la matière à expérimentation est plus ou moins à la portée de chaque savant; ce qui permet à l'expérience de prononcer plus tôt sur la vérité ou l'erreur des observations faites par chacun et des conséquences qu'il en tire; tandis que dans les sciences morales et politiques, la matière à expérimentation, c'est l'homme, ce sont les sociétés humaines.

Or, dans ces immenses laboratoires qu'on appelle des nations, l'expérience est la résultante des faits observés à travers les siècles et recueillis par l'histoire, ce grand journal du genre humain, où la science, à mesure que l'esprit se développe, va chercher la liaison qui rattache chaque effet à sa cause.

C'est ainsi que les sciences essentiellement basées sur le *raisonnement* ont dû rester en arrière des sciences physiques; parce qu'elles s'adressent exclusivement à l'esprit, leurs progrès doivent être nécessairement plus lents.

En effet, tandis que, dans les sciences physiques

les altérations de la matière mise au creuset dénoncent aux sens la cause perturbatrice qui a faussé une analyse et permettent ainsi de dégager la vérité des erreurs qui la cachent, qui peut énumérer les innombrables fissures par lesquelles le sophisme peut s'introduire dans un syllogisme et faire aboutir des prémisses les plus vraies aux conclusions les plus fausses !

Cette théorie des débouchés de J.-B. Say place incontestablement l'économiste au point de vue de la production qui conduit au protectionnisme et non au point de vue exclusif de la consommation qui mène au libre-échange. Car s'il est vrai que pour acheter puis consommer, il faut, d'abord produire et vendre, il est incontestable que le plus grand intérêt social et humanitaire sera l'intérêt du *producteur* qui fournit aux consommations de tous et non l'intérêt du consommateur qui — dans les cas nombreux des despotes, des tartufes, des sinécuristes, des écumeurs de mer et des voleurs de grand chemin — peut n'être qu'un spoliateur, un ennemi de la société et du genre humain.

L'économiste, placé à ce point de vue, ne saurait se refuser à admettre : 1° que la consommation peut s'étendre au détriment du producteur ; 2° que l'extension de la production tourne toujours à l'avantage de tous.

Ce qui résulte en définitive de cette théorie,

c'est que le signe du bien-être, de la prospérité, de la civilisation dans une société, ce sera l'abondance et surtout la *variété* de ses produits, de ses propres produits s'échangeant les uns contre les autres, se servant de débouchés les uns aux autres.

Ainsi cette théorie faisant avancer la science vient s'enchaîner, en les complétant, aux belles doctrines professées par Adam Smith sur la division du travail et le commerce intérieur.

Que si l'expérience des peuples, l'histoire nous montre que tels principes, observés par tel homme d'État dans la pratique administrative ont eu pour effet de promouvoir la civilisation en favorisant l'abondance et la variété de la production nationale, pouvons-nous voir autre chose dans ces principes que le sceau de l'expérience confirmant la théorie de Say?

Sans doute, la science doit s'appliquer à découvrir dans un système, si avantageux qu'il se soit montré dans la pratique, les causes qui ont pu en diminuer les bons effets; sans doute, elle doit rechercher dans l'ensemble des principes qui ont servi de bases à ce système, les erreurs qui ont pu le faire aboutir, soit par l'exagération, soit par une généralisation intempestive, à quelques résultats évidemment fâcheux. Mais quand ces recherches la conduisent à condamner le système tout entier, comme fondé sur de mauvais principes et conduisant à de dangereuses conséquences, il est évident qu'elle tourne dans un cercle vicieux, qu'elle a fait fausse route, que le sophisme s'est introduit dans ses analyses et fausse ses conclusions.

Nous rapporterions ici tout le second et tout le troisième chapitre de la troisième partie du cours de J.-B. Say, où il développe les conséquences de sa théorie, que le lecteur n'en trouverait pas une seule qui n'aboutisse logiquement à cette invariable conclusion, que : *faire naître la variété des produits et leur abondance au sein d'une société, par le développement de l'industrie des membres de cette société, c'est y promouvoir le bien-être et la civilisation.*

« Que devons-nous conclure de là, s'écrie l'illustre penseur après l'exposé de cette théorie? Si c'est avec des produits que l'on achète des produits, chaque produit trouvera d'autant plus d'acheteurs que *tous les autres produits* se multiplieront davantage (1).

....

« Qu'est-ce donc qui met les Français en état d'acheter dix fois plus de choses, qu'ils n'en achetaient sous le règne misérable de Charles VI? *C'est qu'ils produisent dix fois plus.* Toutes ces choses s'achètent les unes par les autres. *On vend*

(1) J.-B. SAY, *Cours d'économie politique*, vol. I, page 341.

en France plus de blé, parce qu'on y fabrique du drap et beaucoup d'autres choses en quantité beaucoup plus grande (1).

. . . .

« C'est si bien avec des produits qu'on achète des produits, qu'une mauvaise récolte nuit à toutes les ventes (2).

. . . .

« Il en est de même *des récoltes faites par les arts* et le commerce. Quand une branche d'industrie souffre, d'autres souffrent également. Une industrie qui fructifie, en fait prospérer d'autres (3).

. . . .

« La première conséquence que l'on peut tirer de cette importante vérité, c'est que, dans tout Etat, *plus les producteurs sont nombreux et les productions multipliées*, et plus les débouchés sont faciles, variés et vastes. Dans les lieux qui produisent beaucoup se crée la substance avec laquelle seule on achète : je veux dire la *valeur* (4).

. . . .

« Chacun est intéressé à la prospérité de tous

(1) J.-B. Say, *Cours d'économie politique*, vol. I, page 341.
(2) J.-B. Say, *Cours d'économie politique*, vol. I, page 342.
(3) J.-B. Say, *Cours d'économie politique*, vol. I, page 342.
(4) J.-B. Say, *Cours d'économie politique*, vol. I, page 342.

et la prospérité d'un genre d'industrie est favorable à la prospérité de tous les autres. En effet, quelle que soit l'industrie qu'on cultive, le talent qu'on exerce, on en trouve d'autant mieux l'emploi et l'on en tire un profit d'autant meilleur qu'on est plus entouré de gens qui gagnent eux-mêmes. Un homme à talent, que vous voyez tristement végéter dans un pays qui décline, trouverait mille emplois de ses facultés dans un pays productif, où l'on pourrait employer et payer sa capacité (1).

....

« Telle est la source des profits que les gens des villes font sur les gens des campagnes et que ceux-ci font sur les premiers. Les uns et les autres ont d'autant plus de quoi acheter qu'ils produisent davantage. Une ville entourée de campagnes productives y trouve de nombreux et riches acheteurs, et dans le voisinage d'une ville manufacturière, les produits de la campagne se vendent mieux. C'est par une distinction futile qu'on classe les nations, en nations agricoles, manufacturières ou commerçantes. Si une nation réussit dans l'agriculture, c'est une raison pour que son commerce et ses manufactures prospèrent. Si ses manufactures et son commerce de-

(1) J.-B. Say, *Cours d'économie politique*, vol. I, page 342.

viennent florissants, son agriculture s'en trouvera mieux (1). »

On le voit ici, la théorie des débouchés conduisait J.-B. Say à celle de la solidarité du progrès entre les différentes branches du travail national. — Pas d'agriculture, sans manufactures; — pas de prospérité commerciale, sans industrie. — Pas de civilisation, en un mot, là où manque cet équilibre entre les deux genres de production qui alimentent le commerce.

« Cela nous montre, dit-il plus loin, ce qu'il faudrait faire pour satisfaire beaucoup de nos producteurs qui se plaignent de la stagnation de leurs produits. Il faudrait que certaines parties de nos provinces, dont les habitants un peu sauvages se contentent de produits *peu nombreux* et imparfaits, devinssent *plus civilisées*. On fait avec appareil de grands traités de paix ou de commerce pour assurer à nos producteurs de nouveaux débouchés : eh! qu'on civilise une province, et les débouchés s'ouvriront d'eux-mêmes (2).

Qu'on civilise une province!

Ce cri échappé à l'illustre économiste, n'est-il pas la plus haute protestation qu'on puisse faire contre la doctrine du *laissez-faire?*

Qu'on civilise une province, qu'on la fasse

---

(1) J.-B. Say, *Cours d'économie politique*, vol. I, page 348.
(2) J.-B. Say, *Cours d'économie politique*, vol. I, page 350.

sortir de l'état de demi-civilisation où *elle se contente* de produits imparfaits et peu nombreux, cela signifie-t-il qu'on *laisse faire* cette province, qu'on l'abandonne au triste sort, aux misérables ressources dont elle se contente?

Civiliser une province ! La chose est donc possible ! Or si l'on peut civiliser une province, on doit pouvoir tout aussi bien en civiliser — deux ou un plus grand nombre ; de même, on doit pouvoir introduire la civilisation dans un état tout entier qui en serait privé. Le gouvernement peut donc être le promoteur de la civilisation ! Que devient alors la théorie du libre-échange, la doctrine de la non-intervention de l'Etat ?

La province ou la nation entière se contente de son état *un peu sauvage* et ne songe pas à en sortir ; il importe cependant d'y introduire la civilisation, de changer cet état : comment cela se pourrait-il, s'il fallait en même temps laisser faire, laisser passer?

Ce dernier passage est extrait du chapitre de Say sur *les bornes de la production*. C'est en quelque sorte le résumé de sa réplique à l'objection qui a été soulevée par Sismondi et d'autres économistes, en se basant sur le fait indéniable de l'encombrement de certains produits, que l'on voit parfois incapables de se placer, de trouver un débouché.

Tout en combattant les conséquences qu'on a

voulu en tirer contre une liberté illimitée du commerce, J.-B. Say a dû pourtant admettre le fait même en ces termes :

« Il nous reste à nous expliquer à nous-mêmes des faits qui paraissent contrarier cette doctrine ; je dis *qui paraissent*, parce que s'ils lui étaient effectivement contraires, la doctrine serait mauvaise. Si les produits s'achètent les uns les autres, comment arrive-t-il qu'à certaines époques, tous les produits surabondent à la fois et qu'on ne trouve à vendre quoi que ce soit ? ou du moins que l'on ne peut vendre qu'à des prix qui donnent de la perte (1) ? ».

Cependant, en formulant l'objection en ces termes, il nous semble que Say n'a fait que tourner la difficulté pour arriver à répondre à la question par la question même, en nous disant que tous les produits ne sauraient surabonder à la fois ; que la « surabondance de quelques produits peut frapper les yeux du monde commerçant et causer de grosses pertes à leurs producteurs, tandis que beaucoup d'autres produits peuvent être recherchés sans être aperçus (2). » Ce dont il donne un exemple en rappelant la surabondance et l'avilissement des prix des tissus et de plusieurs autres produits en 1812 et 1813, — alors que le blé, la

(1) J.-B. Say, *Cours d'économie politique*, vol. I, page 345.
(2) J.-B. Say, *Cours d'économie politique*, vol. 1, page 345.

viande, les denrées coloniales étaient fort rares et fort chers.

Or, le véritable problème soulevé par Sismondi n'est pas de savoir si tous les produits peuvent surabonder à la fois dans un pays ; mais, si oui ou non *des produits* peuvent surabonder, c'est-à-dire ne pas trouver à se vendre, à s'échanger contre d'autres produits.

A cette question, Say répond, comme on vient de le voir, par l'affirmative. Alors vient le problème plus compliqué et qui demande une *véritable solution scientifique*.

« Puisque, — de l'aveu même de Say, — il semble qu'un produit devrait se porter acheteur de l'autre, et que tous devraient se placer avec le même avantage que s'ils étaient plus rares, » pourquoi les produits surabondants ne se portent-ils pas acheteurs les uns des autres et ne trouvent-ils pas ainsi à se placer avec le même avantage que les autres produits plus rares ?

Au lieu d'une solution du problème, J.-B. Say se contente d'indiquer un remède au mal : « Eh ! qu'on civilise une province, dit-il, et les débouchés s'ouvriront d'eux-mêmes. D'accord. Mais comment arrive-t-il que des produits offerts doivent attendre avant de pouvoir s'écouler que la *civilisation* soit introduite dans une province pour y créer la demande de ces produits ?

Pour le cas particulier des encombrements de

produits manufacturés dont souffrait le marché français en 1812 et 1813, il est vrai que Say en veut trouver la cause dans le fait que « le commerce d'outre-mer était accompagné de dangers et d'entraves, qu'il fallait employer des navires qu'on appelait aventuriers qui, à la faveur de la nuit, des gros temps, de la rapidité de leur marche, traversaient les croisières ennemies....... et qu'à cause de ces difficultés, on ne pouvait plus *produire sur le continent* (européen) par le commerce, *le sucre* et les *denrées coloniales* qui s'échangeraient contre les produits surabondants (1). »

Mais, ce n'est pas là une solution scientifique du problème. Pour qu'il en fût ainsi, il aurait fallu démontrer d'abord que les produits ne sauraient jamais surabonder, qu'ils ne seraient jamais dans le cas de ne pas trouver de débouchés, de ne pas pouvoir se vendre *au prix de revient*, sans la guerre et les entraves qu'elle met à la navigation.

Et c'est là ce qu'on ne saurait jamais établir.

Il est évident que les nations ne peuvent avoir à échanger entre elles que les produits de leur sol ou de leur industrie respective.

Cependant, dans le trafic qui se fait entre deux nations, lorsque la matière de l'exportation pour

(1) J.-B. SAY, *Cours d'économie politique*, vol. I, page 345.

chacune d'elles est le produit direct de son sol, de son climat, ayant reçu la dernière façon industrielle, et n'ayant plus à subir que les frais de transport pour être livré à la consommation dans le pays importateur ; et lorsque, d'ailleurs, celui-ci ne compte point cette matière au nombre des productions de son propre sol, de son propre climat ; c'est évidemment leur superflu respectif qui fait l'objet du commerce de ces deux peuples.

L'industrie de chacun d'eux n'a rien à redouter des progrès qui s'accomplissent au sein de l'autre ; au contraire, que par suite de ces progrès, il arrive un accroissement de richesse et de population dans chacun de ces deux pays, il est certain qu'un accroissement correspondant aura lieu dans la consommation des produits exotiques par les régnicoles, et l'offre de leurs produits respectifs étant ainsi déterminée par une demande progressive, on conçoit difficilement que ces produits puissent jamais devenir surabondants, à moins d'accidents de la nature de ceux que rapporte J.-B. Say.

Lorsque le commerce entre deux nations est ainsi limité aux *seuls objets* que la *nature* même destine à leur trafic, il peut s'étendre et s'accroître indéfiniment à leur mutuel profit ; il n'en résultera jamais aucun préjudice pour aucune d'elles, parce qu'un tel commerce est basé sur le principe immuable de la *Justice*.

Il peut être assimilé au commerce intérieur, il en a la légitimité et de même que celui-ci unit entre eux les citoyens d'une même société politique par la solidarité des intérêts, ainsi l'autre doit opérer sur le genre humain tout entier.

C'est d'un tel commerce que J.-B. Say devait s'inspirer quand il a émis cette belle pensée que « chaque nation est intéressée à voir prospérer ses voisines, car elle est assurée de profiter de leur opulence. »

Loin de nous la pensée de demander aucune entrave à la liberté du commerce international ainsi entendu, mais le trafic, — sous l'empire de la maxime *laissez faire, laissez passer*, — ne se renferme pas dans ces limites.

Autre, en effet, que ce commerce basé sur la justice et l'équité est le trafic que les puissantes nations manufacturières de l'Europe imposent depuis des siècles, — tantôt par la force des armes, tantôt par la propagation de doctrines erronées, où la science est invoquée à l'appui de l'injustice dont elle est pourtant l'éternelle ennemie, — imposent, disons-nous, aux autres sociétés politiques attardées sur le chemin de la civilisation dans l'ancien et dans le nouveau monde.

Autre que ce commerce basé sur l'harmonie des intérêts des nations, et tendant à la paix universelle, est ce trafic préconisé, défendu au nom de l'économie politique par quelques savants modernes; trafic qui n'est basé que sur la différence d'*habileté mécanique* des nations et crée pour les plus avancées, celles dites *nations manufacturières*, un intérêt réel et permanent à retenir les autres éternellement dans un état de demi-civilisation sous le nom de *nations agricoles*. Trafic, dont la nature est telle que, contrairement à la belle pensée de J.-B. Say qui vient d'être rapportée, chaque nation dite manufacturière est fortement intéressée à ne voir les nations agricoles, *ses clientes*, accomplir aucun progrès dans les arts mécaniques, — assurée qu'elle est de souffrir de leur opulence.

C'est à ce trafic surtout que les nations européennes doivent cet encombrement périodique des produits manufacturés, dont J.-B. Say a voulu trouver la cause dans les seules entraves que la guerre met à la navigation.

La matière de l'importation et de l'exportation pour chacune de ces deux nations qui se livrent à ce genre de trafic est un seul et même produit que l'une, la nation agricole, recueille de son sol et exporte à l'état brut, c'est-à-dire sous la forme de ce qu'on est convenu d'appeler *matières premières;* que l'autre, la nation manufacturière, importe en cet état pour lui faire subir les changements qui doivent le rendre propre à la consommation; qu'elle *réexporte* ensuite et que la première nation *réimporte* pour sa propre consommation sous cette nouvelle forme qualifiée du nom de *produit achevé.*

On ne saurait voir dans cet arrangement le commerce international qui vient d'être décrit. C'est un trafic qui doit cesser fatalement dès que la nation dite agricole saura ou pourra faire subir elle-même à ce produit les changements de forme qui doivent précéder la consommation.

Tandis qu'entre deux nations qui n'échangent que l'excédant des produits de leur sol et de leur climat, tout progrès de chacune d'elles est un bienfait pour l'autre, par l'accroissement qui en résulte dans la demande de ses propres produits, ici, au contraire, les progrès de la nation agricole ont pour effet, non d'accroître ce trafic, mais de le supprimer totalement.

Le premier genre de trafic international se lie, s'enchaîne au progrès de telle sorte qu'ils deviennent à la fois cause et effet, l'un de l'autre, tandis que l'autre s'évanouit à son apparition.

Il n'y a donc pas seulement différence, mais une opposition très-marquée entre ces deux genres de commerce.

Cependant, comme la distinction ne repose que sur la nature des produits qui en font l'objet, on peut, — croyons-nous, — sans trop forcer la métaphore, considérer le commerce extérieur comme une médaille à deux revers ; et l'on conçoit à la rigueur que les premiers fondateurs de la science toute moderne de l'économie politique, n'envisageant que l'une des faces de cette médaille, aient—*par erreur*— proclamé la liberté absolue de tous les échanges internationaux.

Mais que des économistes contemporains persistent dans cette erreur, après Sismondi et la démonstration irréfutable qu'il a faite de cette distinction d'une si haute importance, on ne saurait y voir qu'une nouvelle preuve de l'étrange aveuglement dont l'esprit de secte peut frapper même les esprits les plus éminents.

Ainsi, les Etats-Unis, par exemple, échangeant leur excédant de pétrole contre l'excédant de fer ou de houille de l'Angleterre, font-ils un commerce d'une nature identique à celle du commerce auquel se livrent l'Inde ou Haïti, en envoyant leur coton ou laine à l'Angleterre, pour recevoir en retour une faible portion de ce même coton, sous forme de ginga ou de percale ?

Les industries qui alimentent le premier de ces deux genres de trafic opèrent dans l'une et l'autre contrée sur des matières premières qui sont des *produits naturels* du sol même où s'exercent ces industries. Ces matières sont des dons spéciaux de la nature aux différentes régions géologiques ou climatériques du globe, et le commerce international y fait participer le genre humain tout entier.

Mais, dans l'autre cas, nous voyons l'industrie cotonnière dans un pays tandis que la production de ce textile a lieu dans un autre. — Le chanvre est récolté d'un côté de l'océan et tissé de l'autre côté. — Nous voyons un pays importer des souliers, en même temps qu'il exporte des peaux. — Nous voyons l'autre importer de la mélasse et exporter du sucre ; le premier exporte des bûches d'acajou, de palissandre, de cèdre, qu'il réimportera plus tard sous la forme de meubles faits de ces mêmes bois.

Il n'y a pas ici échange de deux produits distincts et de nature différente que chacun des deux pays importateurs ne saurait se procurer que par cet échange ; c'est une nation qui donne un *produit de son sol* à un autre, en échange de l'*habileté mécanique* de cette autre ; c'est-à-dire, en échange d'une chose dont la possession ne saurait être interdite par la nature au pays producteur, d'une chose qui n'est chez la nation manufacturière que la manifestation, la preuve des progrès qu'elle a accomplis.

Or, le progrès est la loi de l'homme en société ; toute nation qui méconnaît cette vérité, qui reste en arrière de la civilisation de son temps et s'avoue incapable de se rendre à elle-même les services mécaniques qui doivent transformer les produits de son sol et les rendre propres à son usage est une nation d'esclaves.

Un tel peuple a besoin de la science et de l'industrie pour s'affranchir du joug de la nature. — Oscillant perpétuellement entre le despotisme et l'anarchie, ces deux pôles extrêmes, mais communs de l'esclavage, il trouve la misère partout, la liberté nulle part.

Extraire du sol les produits nécessaires à notre existence et faire subir à ces produits les transformations qui doivent les rendre propres à l'usage auquel nous les destinons, ce sont là des services que chaque peuple doit également savoir et pouvoir se rendre à lui-même.

La science qui enseigne le contraire, la science qui croit pouvoir séparer l'industrie de l'agriculture et offrir celle-ci toute seule, comme un élément suffisant de civilisation; la science qui dit aux peuples arriérés que leur véritable intérêt est de rester comme ils sont et que les sacrifices qu'ils s'imposeraient pour acquérir l'*habileté mécanique* qui leur manque, seraient des pertes sans compensation, cette science est évidemment une fausse science : c'est la théorie de l'injustice et de l'oppression. Ceux qui la professent peuvent être les plus honnêtes gens du monde; mais, sans le savoir et sans le vouloir, ils se font les apologistes du mal.

Dans ce trafic basé sur la différence d'habileté

mécanique, il y a pour le pays manufacturier, — celui qui en tire tout le profit, — une simple clientèle à exploiter. Mais, l'une des conséquences de cette *explosion*, c'est que ce pays se trouve renfermer dans son sein *des ouvriers qui travaillent pour l'étranger*; des citoyens qui demeurent *isolés* dans le système économique général de leur pays; qui produisent, — pour des consommateurs éloignés, — des marchandises qui, — ne répondant ni aux goûts, ni aux besoins de leurs compatriotes, ne peuvent jamais s'échanger, par conséquent, ni entre elles, ni entre d'autres produits nationaux.

Cependant, les manufacturiers en tissus de coton de France ou d'Angleterre et les consommateurs Indiens ou Haïtiens de ces tissus, sont tellement éloignés les uns des autres qu'il est matériellement impossible qu'aucun rapport direct s'établisse entre la demande des uns et l'offre des autres.

Tel est le rôle des trafiquants.

Ces intermédiaires, — comme toutes les classes de travailleurs, — sont obligés, par les lois de la concurrence, de réduire sans cesse le taux proportionnel de leurs profits, afin d'en accroître la somme absolue par l'extension de leurs relations, et, comme rien ne les oblige à user, en faveur de tel pays en particulier, du mandat dont ils sont revêtus par la force des choses pour reproduire auprès des manufacturiers la demande des consommateurs, leur véritable intérêt, — identique en cela à l'intérêt du consommateur, — est de *subordonner cette demande à l'offre* générale, de tous les centres industriels ou agricoles, travaillant pour les contrées lointaines. Ils portent donc leur clientèle partout où une réduction de prix leur offre un centime à mettre au service de l'esprit de commerce.

Pour fixer une clientèle forcément changeante et fugitive, comme celle des trafiquants, les producteurs de tous les pays, travaillant pour l'étranger, se trouvent forcément livrés entre eux à une concurrence non moins échevelée, dont le *salaire* des ouvriers fait invariablement les frais.

C'est là une autre conséquence du libre-échange dont l'examen trouvera sa place ailleurs.

Constatons seulement ici que, quoi que fassent ces industriels pour défendre leurs intérêts dans une lutte où les adversaires, dispersés sur la surface du globe, ne peuvent avoir que des notions incomplètes sur leurs moyens respectifs; constatons que ces industriels, qui se mettent en dehors du marché national et entreprennent, suivant la pompeuse expression libre-échangiste, de lutter sur le grand marché du monde, sont nécessairement exposés à des coups imprévus, subits, auxquels la plus grande habileté ne saurait les aider à parer à temps, — de ces coups qui ne frappent pas seulement une maison, une usine, mais souvent toute une branche d'industrie manufacturière ou agricole.

Que toutes les colonies, que tous les Etats secondaires se mettent à ouvrer les peaux, les sucres, les cotons, les essences tinctoriales, les bois d'ébénisterie, les laines et soies brutes qui alimentent en Europe tant d'usines, entretiennent tant d'ouvriers, que deviendront toutes ces industries qui vivent des changements de forme imprimés aux matières exotiques et suivis de leur retour aux lieux de provenanee?

Peut-on oublier combien la guerre de sécession aux Etats-Unis a créé plus de misères et de souffrances à Manchester en Angleterre, au Havre, à Rouen, en France parmi les ouvriers que ne pouvaient plus employer les filatures de coton de ces pays que dans beaucoup de centres de population américaine où sévissait directement cette guerre?

N'en est-il pas de même lorsqu'une diminution de prix, une amélioration de qualité, un simple changement de goût ou quelque autre motif porte la demande des trafiquants à passer brusquement d'un pays à un autre?

Les causes de ces changements soudains ne sont pas toujours si aisées à déterminer qu'on puisse les prévoir à l'avance et les prévenir.

Aussi, les grandes manufactures qui ne sauraient se livrer à un travail intermittent sans se condamner à l'impuissance, à la ruine, et dont les produits remplissent les magasins et les entrepôts des grands ports d'exportation, où ils attendent les acheteurs d'outre-mer, voient-ils souvent s'arrêter l'écoulement de leurs produits sans qu'il y ait aucune diminution dans la demande générale et ordinaire de ces produits, mais simplement parce que des concurrents plus heureux ont pu s'attirer la clientèle des pays éloignés, où ils trouvaient auparavant un débouché assuré.

Si cette proposition de J.-B. Say est vraie, et elle l'est incontestablement, que « pour acheter il faut d'abord vendre, » soit, en langage économique : *pour consommer, il faut d'abord produire*, il en découle une conséquence diamétralement opposée à la doctrine malthusienne, et par conséquent au libre-échange : c'est que le produit — ou l'*offre* — précède la consommation, ou la *demande*. — Ce n'est jamais l'acheteur qui attend, c'est toujours la marchandise. — Il suit de là qu'il n'y a pas d'équilibre *nécessaire* entre ces deux éléments de l'échange : l'offre et la demande. Seulement, au lieu d'une tendance de la demande à excéder l'offre, comme le voudrait la théorie malthusienne, c'est le contraire que nous observons partout. — L'expérience, d'accord en cela avec la théorie rationnelle, mais anti-libre-échangiste de Say, nous montre l'abondance des produits offerts nuisant à leur écoulement.

Les produits spécialement destinés à l'exportation n'échappent point à cette règle, et lorsque la clientèle d'outre-mer augmente la demande qu'elle adressait auparavant à un centre quelconque de production, la marchandise offerte à l'avance en excédant de la demande ordinaire suffit presque toujours à cet excédant de demande.

Et, comme l'offre avait également précédé la demande, dans le centre de production qui subit la différence d'écoulement dont profite le concurrent, il est évident que les produits délaissés dans ce dernier centre « frapperont d'autant plus le monde commercial par leur surabondance et leur encombrement » qu'ils restent entièrement immobiles sur le marché national pour la circulation duquel ils n'étaient point faits.

Quand on dit que l'excédant de demande porté vers un centre de production doit y déterminer une hausse des prix dont la conséquence sera de ramener l'équilibre dans la répartition générale de la demande entre tous les marchés producteurs, on fait une supposition gratuite et que démentent les faits.

Les phénomènes économiques ne sont pas les mêmes, — et c'est là l'erreur fondamentale du libre-échange, — soit qu'il s'agisse du commerce intérieur d'une nation, ou du commerce général des peuples entre eux.

Il en est, parmi les éléments de la production quelques-uns qui, dans un pays donné, sont les mêmes ou à peu près pour tous les industriels, tels que les capitaux offerts, les bras, les connaissances spéciales, etc., etc. — Ces choses peuvent varier entre les différents genres d'industrie, mais elles sont à peu près identiques entre les divers entrepreneurs d'un même genre de production. Mais que de différences n'offrent pas tous ces éléments du travail lorsqu'on compare les nations entre elles !

Ici, les bras manquent, et le taux du salaire, en conséquence, est très-élevé ; mais par contre les capitaux abondent, et le taux de l'intérêt demeure comparativement bas.

Là, c'est le contraire qui a lieu : les bras abondent, et l'argent manque.

Tel pays est obligé de faire venir de l'étranger, et à grands frais, des ingénieurs pour diriger la moindre entreprise ; dans tel autre, ces hommes de talent abondent et offrent leurs services au rabais.

Celui-ci trouve dans son sol et exporte des millions de tonnes de charbon ; celui-là importe plus de la moitié de son combustible, à des prix énormes.

L'un a des avantages naturels immenses pour

la circulation de ses produits à l'intérieur; l'autre n'a pas deux villes qui puissent communiquer entre elles, sans avoir une montagne à percer, une vallée à combler.

Mais tous ces avantages et tous ces inconvénients divers étant identiques pour tous les industriels d'un même pays, les économistes ont raison de prétendre qu'une même cause produira des effets identiques pour tous les entrepreneurs du pays qui se livrent à une même industrie.

Mais prétendre que la même cause agira de la même façon à l'égard de tous les industriels qui s'occupent dans tous les pays de ce même genre de production, c'est simplement absurde.

La vérité est que, dans la concurrence internationale, lorsqu'on a pesé de part et d'autre les avantages et les inconvénients qui proviennent de toutes les causes qu'on ne peut fléchir, il reste un élément, un seul qui demeure toujours assez flexible pour être l'instrument définitif de l'équilibre : c'est le *salaire de l'ouvrier*.

Lorsqu'un centre de production a pu diminuer le poids de ses éléments de travail et que, dans la concurrence internationale, le plateau de la balance s'élève de son côté, c'est en réduisant les salaires que son concurrent s'efforce de rétablir l'équilibre, — et nullement en attendant que l'autre retombe sous le poids d'un excédant de demande.

Rendons cette idée sensible par un exemple : Qu'une peste, un fléau quelconque diminue, dans une proportion suffisamment sensible, le nombre des ouvriers en France : comme le salaire était réglé par des éléments divers au nombre desquels figure l'offre des bras, il est probable que cet élément venant à changer, le salaire s'en ressentira ; il s'élèvera probablement dans les mêmes proportions pour toute la France. — Une modification analogue aura lieu dans les prix de tous les produits français et l'équilibre se trouvera ainsi rétabli dans le commerce intérieur de la France. — Cela ne saurait nuire non plus à l'écoulement au dehors des produits spéciaux de son sol et de son climat, dont l'excédant est exporté aux pays que la nature n'a point favorisés de ces produits. — Mais en serait-il de même des produits *étrangers* à sa propre consommation et pour la fabrication desquels elle se trouve en concurrence avec l'Angleterre, la Belgique, l'Allemagne et tous les autres pays qui, n'ayant pas subi la même perturbation économique, lui feraient dès lors une concurrence ruineuse ?

En pareil cas, disent les libres-échangistes, la hausse de ces produits aurait lieu dans tous ces pays. — Mais puisque les lois de la concurrence ont établi un taux général des salaires et des profits dans ces pays, — la hausse qui s'y ferait sur ces produits spéciaux donnerait lieu à une élévation de profits qui attirerait aussitôt de nouveaux capitaux vers cet emploi, — c'est bien ce qu'enseigne l'économie politique, — et ces produits reviendraient aux anciens prix indiqués par l'état économique général du pays. — En d'autres termes, de nouvelles usines s'élèveraient dans ces pays, pour remplacer, — dans le marché général du monde, — celles dont la faillite aurait été en France la conséquence inévitable d'un tel événement.

Tout industriel, travaillant pour l'exportation exclusivement, ou bien produisant pour le marché intérieur une marchandise dont le similaire de production étrangère est admis à l'importation, conviendra en lisant ces lignes, s'il est de bonne foi, que lorsqu'une circonstance quelconque élève le prix de revient de sa marchandise au-dessus du similaire étranger, ce n'est pas lui et ses pareils qui règlent le cours, *car la marchandise ne manque jamais* et que s'il ne lui est pas possible de réduire le salaire de ses ouvriers pour rétablir l'équilibre de ses comptes, il sera forcé de fermer son usine pour prévenir la faillite.

CHAPITRE QUATRIÈME

PRINCIPE DE POPULATION DE MALTHUS.

En lisant les publications périodiques, revues et journaux, de l'école libre-échangiste, où il est question de Malthus et de sa doctrine, on y rencontre des phrases comme celle-ci : « Malthus a jeté dans le monde des formules peu vérifiées » (Courcelle-Seneuil, Des obstacles que rencontre la diffusion des connaissances économiques, *Journal des Economistes*, septembre 1875) et d'autres plus significatives encore, qui pourraient nous faire considérer cette doctrine, sinon comme définitivement condamnée, mais tout au moins comme repoussée par cette école, dans ce qu'elle peut avoir de trop exagéré.

D'où la conclusion que, vrais ou faux, les principes de population de Malthus seraient étrangers à l'argumentation des libres-échangistes, contre les économistes de la nouvelle école.

Mais cette appréciation serait erronée, car les conclusions de l'école qui a pris pour devise ces mots : *laissez faire*, deviennent illogiques, impossibles, dès qu'on repousse la doctrine de Malthus.

Cela est si vrai, que si nous voyons les libres-échangistes, en traitant *isolément* de Malthus et de sa doctrine, rejeter ou modifier celle-ci selon les exigences de la polémique, il n'en est pas moins certain que forcément ils redeviennent tous et invariablement malthusiens, dès que dans un travail d'ensemble sur la science économique ils abordent le problème de la population.

C'est là une vérité que nous devons établir tout d'abord, en soumettant au lecteur notre contingent d'arguments contre la doctrine à laquelle Malthus a donné son nom.

Ne voulant pas être accusé, comme d'autres écrivains qui avaient combattu avant nous cette fausse doctrine, de nous acharner sur un cadavre, d'enfoncer une porte ouverte, nous commençons par affirmer et nous allons essayer de prouver que la théorie malthusienne n'est pas, n'a jamais été *rejetée* par l'école libre-échangiste et que tout en s'abstenant de la défendre, tout en paraissant l'abandonner à ses adversaires, dans la polémique des articles de revue, cette école la professe néanmoins et n'en professe pas d'autre aussi bien dans ses ouvrages didactiques, que dans les chaires consacrées à l'enseignement de la science économique.

Voyons d'abord ce que pensait J.-B. Say de la doctrine de son illustre contemporain.

En 1827, écrivant à son frère Louis Say, qui venait de lui faire l'envoi d'un ouvrage dans lequel celui-ci avait critiqué Smith et Malthus, il lui dit : « Il faut étudier profondément les bons auteurs, se pénétrer de leur sens, s'en rendre maître, et ne les combattre que lorsqu'on s'est convaincu, qu'on a vu la portée de leur sens. . . . . . J'ai été affligé de la manière dont tu parles de Smith et du *seul ouvrage de Malthus où il ait* COMPLÉTEMENT *raison*. Tu es dans ton tort, la nature des choses te donne un démenti perpétuel (1). »

Quelques années auparavant, il avait eu occasion — dans une circonstance analogue — de faire ressortir, par sa lettre du 10 janvier 1824 à l'économiste américain Alexandre Everett, l'harmonie de ses vues avec celles de Malthus sur le principe de population : « En effet, Malthus dans son livre, et moi dans cette partie du mien, — disait-il, — *nous* ne recherchons point les causes qui multiplient les produits, *nous disons* seulement qu'avec une quantité quelconque de produits et avec les besoins déterminés chez les consommateurs, la population croît jusqu'au point où ses produits lui permettent de croître (2). »

Après ces déclarations formelles du savant

---

(1) J.-B. SAY, *Œuvres diverses*, page 545.
(2) J.-B. SAY, *Œuvres diverses*, page 547.

économiste, nous croyons pouvoir nous dispenser d'analyser ici les développements qu'il a donnés à sa pensée sur cette question, soit dans son *Traité*, soit dans son *Cours d'économie politique*. En parcourant les œuvres de cet éminent écrivain, le lecteur le retrouvera partout conséquent avec ces déclarations ; partout d'accord avec Malthus, du moins sur ce point, et pourra ainsi se convaincre de l'exactitude de la remarque que nous avons faite à la page 96 en ces termes : « J.-B. Say a fait concourir l'autorité de son nom à la propagation en France des doctrines de Malthus et de Ricardo. »

Après la mort de Say, les deux chaires d'économie politique qu'il occupait à Paris échurent : celle du Collége de France, à M. Rossi ; et celle du Conservatoire des Arts-et-Métiers, à M. Blanqui.

M. Rossi, qui — dans une *Introduction* qu'il a écrite pour la traduction française du livre de Malthus — a entrepris de réfuter les *réfutateurs* de ce livre, a suivi les traditions de son illustre prédécesseur ; il a adopté et professé durant toute sa carrière la doctrine du célibat ou de l'excès de population. Aussi M. J. Garnier, qui a donné —pour le *Dictionnaire de l'Economie politique* — la biographie de ce savant, illustre à tant de titres, — fait-il à cet égard une remarque dont la citation suffira seule — nous osons l'espérer — à l'appui de notre assertion. — « Comme économiste, — dit le biographe, — Rossi a mieux expliqué qu'on ne l'avait fait avant lui, notamment les théories relatives à la population et à la rente du sol, *au sujet desquelles il est d'accord avec Malthus et Ricardo* (1).

Quant à M. A. Blanqui, il est moins ferme dans ses opinions; on voit qu'il n'a pas étudié à fond cette question ; il lui semble, au premier abord, que des considérations sur la population sont plutôt du domaine de l'histoire naturelle que de l'économie politique (2). »

M. Blanqui semble savoir mauvais gré à Malthus de la nécessité où il se trouvait, en écrivant son *Précis d'Économie* politique, « de consacrer l'étendue d'un chapitre à ce sujet qui peut paraître un hors-d'œuvre — croyait-il — dans ce rapide précis ». En outre, si M. Blanqui voit bien que « des milliers d'individus ne font que paraître et disparaître en France, en Angleterre, en Allemagne, — il ne voit pas tout aussi clairement que la cause en soit un excès de la population sur les moyens d'existence, car il remarque aussi « qu'à côté d'eux, l'opulence gaspille, souvent sans plaisir, des produits qui ranimeraient des vieillards éteints, des mères épuisées, des enfants languissants ». — Il incline à trouver la cause du

---

(1) Voy. DICTIONNAIRE DE L'ÉCONOMIE POLITIQUE, *article* ROSSI.

(2) Voy. BLANQUI, *Précis d'Économie politique.*

mal plutôt dans ce fait « que la richesse est *trop inégalement* répartie, et, ajoute-t-il, que l'*industrie*, mère nourricière des travailleurs, n'est pas suffisamment développée ».

Voilà certes des considérations qui manquent d'orthodoxie libre-échangiste. *Socialiste*, en constatant une trop grande inégalité dans la répartition de la richesse, le savant professeur se fait aussi *protectionniste* en admettant l'insuffisance du développement de l'industrie manufacturière.

« Plus on examine cette question, — continue M. Blanqui, — plus on s'aperçoit que *le mal est artificiel*; qu'on pourrait, sinon l'éviter, du moins en atténuer les ravages. »

Ici, une question se présente naturellement à l'esprit : quels sont les moyens que la science recommande pour combattre ce mal artificiel?

M. Blanqui s'est abstenu de formuler ce problème, dont la solution l'entraînerait fatalement à combattre le dogme vénéré de l'école à laquelle il appartenait.

Éludant la recherche des moyens par lesquels *on pourrait*, il se contente d'indiquer l'un de ceux par lesquels on ne *pourrait pas*, et revient ainsi de la façon la plus inattendue à la doctrine de Malthus.

« *Ce n'est point*, dit-il, en encourageant les mariages que vous diminuerez la mortalité, Malthus a prouvé..... »

Puis, *malthusien sans conviction*, M. Blanqui s'écrie d'un ton pathétique : « — Pauvres mortels que nous sommes !... Nous accourons trop nombreux au banquet de la vie... Et, pourtant, *dans leur aveugle philanthropie*, une foule de gouvernements ont encouragé le mariage et flétri le célibat!!! ».

Ce serait à se demander si la moralité du savant professeur s'accommoderait mieux du contraire.

Cette brusque protestation contre le mariage, ce plaidoyer sentimental autant qu'inattendu en faveur du célibat, tout cela — après ce qui précède — paraît si étrange sous la plume de M. Blanqui, qu'on serait vraiment tenté d'y voir une fine ironie, s'il ne s'agissait de l'œuvre d'un homme sérieux, d'un savant et grave professeur.

Que le lecteur veuille bien nous pardonner d'insister si longuement sur ces contradictions de M. Blanqui ; mais on comprendra sans peine qu'il n'était point hors de propos — en raison de la thèse que nous soutenons — de démontrer, non-seulement que le successeur de J.-B. Say à la chaire du Conservatoire des arts-et-métiers professait, lui aussi, la doctrine de Malthus ; mais encore que M. Blanqui, — sacrifiant sa véritable opinion à l'esprit de secte, à une sorte de solidarité d'école, — a contribué en cela à propager une doctrine dans laquelle il n'avait qu'une foi chancelante. Dédaignant le noble exemple d'indépendance scientifique de Sismondi, il a reculé devant les conclusions de ses propres observations parce qu'elles aboutissaient à l'*intervention de l'Etat*, comme *agent de prospérité, de civilisation*. — Ce qui est précisément la négation du *dogme* sacré de l'école à laquelle il n'osait cesser d'appartenir.

Loin de s'élever contre cette chose exorbitante : la barrière de l'*intolérance* empruntée à l'autocratie et à la théocratie, et se dressant sur la voie libre et spacieuse de la science, M. Blanqui s'est arrêté; il a réprimé son esprit pour ne pas se séparer de ses amis; il a eu peur de ce jugement injuste, qu'il prévoyait peut-être — et que Bastiat formulait plus tard contre Sismondi en ces termes : « L'un des hommes qui, avec les meilleures intentions, ont fait le plus de mal (1). »

Après les écrivains qui viennent d'être cités, nous trouvons les plus éminents publicistes de l'école libre-échangiste en France, concourant solidairement à la rédaction du *Dictionnaire de l'Économie politique* — où chaque matière a été traitée au point de vue de l'école.

Dans cette œuvre, c'est M. J. Garnier qui a été chargé de l'article *Population*.

Cet honorable publiciste, rédacteur en chef du *Journal des Économistes*, secrétaire perpétuel

(1) Fr. Bastiat, *Harmonies économiques*, page 450.

de la Société d'Économie politique de Paris, membre de l'Institut de France, peut être pris comme le modèle le plus parfait du libre-échangiste orthodoxe.

Dans tous ses écrits, M. Garnier se montre convaincu que la science économique a dit son dernier mot avec Adam Smith, Say, Malthus et Ricardo. — Pour lui, les œuvres des devanciers ne sont point des jalons placés dans le champ de la science, pour éclairer la marche des chercheurs du présent et de l'avenir; ce sont des œuvres dogmatiques qu'il faut connaître et non commenter.

J. Bastiat, son ami, dont le dévouement à la cause du libre-échange n'était pourtant pas douteux, a eu beau démontrer jusqu'à l'évidence que l'école se trompe sur plusieurs points, que la *propriété*, par exemple, n'est point, comme le veulent les maîtres, une *convention*, un *mal nécessaire;* qu'elle est au contraire une chose de droit naturel, et partout juste et légitime; que la *valeur* ne résulte pas des rapports de l'offre à la demande, mais qu'elle est la mesure des efforts de l'homme pour vaincre les résistances de la nature, etc., ces démonstrations pour M. Garnier sont de simples hérésies, et dans son orthodoxie il leur crie : *noli me tangere.*

Aussi, sa dissertation sur la population n'est-elle que l'exposé correct, consciencieux de ce que le maître a dit ou a voulu dire.

Il est malthusien en toute conscience, et — comme s'il ne voulait laisser aucun doute à cet égard, — il en fait une sorte de profession de foi et commence ainsi son article :

« Population. — I — Position de la question de population. — Le principe de la population, entrevu par plusieurs économistes, *démontré par Malthus* et si étrangement méconnu. »

Voilà donc — nous osons l'espérer — ce fait suffisamment établi, que les économistes de l'école libre-échangiste professent, sur la question de population, la doctrine de Malthus. Que leur foi en cette doctrine soit plus ou moins absolue, cela importe peu. Il nous suffit de démontrer à cet égard ce qu'ils enseignent et non ce qu'ils croient.

Cette démonstration était nécessaire ; car si les attaques ont été violentes et injustes quelquefois de la part des adversaires de Malthus, la défense n'a pas toujours été très-scrupuleuse dans le choix des moyens, du côté des partisans de sa doctrine. Et, si M. J. Garnier a pu dire des premiers « qu'ils sont parvenus à créer dans l'opinion publique un Malthus qui n'a jamais existé, un Malthus fantastique », — les derniers aussi, dans un intérêt de polémique, — ont souvent soutenu, au nom de Malthus, des doctrines tellement étrangères à celle de *l'excès fatal de la population sur les moyens de subsistance*, que l'on peut dire avec non moins de vérité qu'eux aussi, ils invoquent un autre Malthus et jouent le jeu même qu'ils reprochent à leurs adversaires (*a*).

Mais il nous tarde, et peut-être aussi au lecteur, d'aborder le principal sujet de ce chapitre.

Toute la doctrine de Malthus sur la population consiste dans l'affirmation d'une tendance constante du nombre des hommes à s'accroître *au-delà* des moyens de subsistance.

Cette tendance, dans le système de Malthus, serait le résultat de deux lois qu'il formule, comme il suit :

1° — « *L'on peut tenir pour certain que,*

(*a*) C'est ainsi que Fr. Bastiat voulant, disait-il, « venger Malthus des violentes attaques dont il a été l'objet, » écrit à la page 458 des *Harmonies* :

« Ce principe (le principe de population) a été formulé « par Mathus en ces termes :

« *La population tend à se mettre au niveau des moyens de sub-« sistance.* »

Cette formule ne rend nullement la pensée de Malthus. Le principe de population, ainsi présenté, pourrait être considéré comme émanant d'une *loi d'équilibre*; ce serait un *principe harmonique*. Mais cet équilibre, cette harmonie, c'est précisément ce que niait Malthus. — Loin d'asseoir sa théorie sur une *tendance* de la population A SE METTRE AU NIVEAU des moyens de subsistance, tout son livre a eu pour but de prouver au contraire sa prétendue *tendance* à DÉPASSER CE NIVEAU, ce qui n'est pas du tout la même chose.

lorsque la population n'est arrêtée par aucun obstacle, elle va doublant tous les vingt-cinq ans et croît de période en période, selon une progression géométrique.

« 2° *L'on est en état de prononcer, en partant de l'état actuel de la terre habitée, que les moyens de subsistance, dans les circonstances les plus favorables à l'industrie,* NE PEUVENT JAMAIS *augmenter plus rapidement que selon une progression arithmétique* (1). »

Différentes objections ont été faites contre cette doctrine de l'excès fatal de la population. Elle a été combattue surtout par H. C. Carey.

M. J. Garnier, qui a ajouté à la seconde édition de la traduction française du livre de Malthus un avant-propos, où il prétend répondre aux plus récentes de ces objections, n'a pas cru devoir passer sous silence celle du grand penseur de Philadelphie. Il lui paraît seulement qu'une ou deux lignes devaient suffire à les détruire.

Mais le savant secrétaire perpétuel de la Société d'économie politique de Paris n'a pas pris garde, ce nous semble, que Carey n'a pas fait, comme tant d'autres, une simple *objection* aux doctrines de Malthus ; il a proclamé une doctrine nouvelle et tellement opposée à celle de Malthus dans ses

(1) MALTHUS, *Principe de population*, 2e édition française, p. 10.

conséquences, que l'une doit être nécessairement fausse si l'autre est fondée. Telle est aussi la considération unique qui explique la discussion qu'il a dû faire de la doctrine de son devancier. Mais, sans plus attaquer la doctrine de Malthus que toute autre, sans faire aucune mention de l'auteur du *principe de population*, aucune allusion à son livre, Carey, en exposant simplement et sous une forme purement didactique ses *principes de science sociale*, n'en renverserait pas moins, de fond en comble, les édifices élevés par Malthus aussi bien que par Ricardo. Et ce n'est certes pas en deux lignes que l'on peut réfuter des doctrines d'une telle valeur scientifique.

« Il faudrait, dit M. Garnier, pour que M. Carey eût raison, que le capital nécessaire à la population augmentât forcément comme la production et comme la facilité d'association (1). »

Il n'est pas admissible que ces quelques mots, d'ailleurs assez inintelligibles, puissent suffire à renverser cette grandiose théorie des progrès de l'esprit humain, dont un *libre-échangiste*, Ch. Coquelin, a pu dire :

« Que l'on adopte ou non la manière de voir de M. Carey, il faut reconnaître qu'il se rencontre dans ses ouvrages un grand nombre d'idées nou-

---

(1) Voy. MALTHUS, *Principe de population*, avant-propos de J. Garnier, p. 15.

ves, originales, dignes de l'examen le plus sérieux. C'est, comme on le voit, la *théorie du progrès* sortie du vague des spéculations philosophiques, économiquement établie et rendue en quelque sorte sensible par les faits (1). »

Carey ne s'est point placé sur le même terrain que Malthus; il n'a pas envisagé les mouvements économiques du monde au point de vue *de la formation, de la distribution et de la consommation des richesses*. Cercle étroit, dont les économistes qui l'avaient précédé dans la carrière avaient cru, depuis l'apparition du livre d'Adam Smith, devoir faire la limite et comme le but de la science. Il s'est placé sur un terrain nouveau, plus vaste et, il faut bien le dire, plus rationnel : il a envisagé l'économie des sociétés humaines au point de vue de la lutte perpétuelle de l'*homme* contre la *nature*.

Cette dualité éternelle, que tous les écrivains qui ont dépassé le niveau du vulgaire, ont reconnue et signalée dans le monde sensible; ces deux principes, placés aux deux pôles de la création, toujours en lutte et concourant par cette lutte même à l'harmonie universelle; cette opposition bien constatée dont s'inspirait l'éclectisme de notre compatriote, M. D. Delorme, lorsqu'il faisait, dans son beau livre des *Théoriciens au*

(1) Voy. *Dictionnaire de l'Économie politique*, article CAREY.

pouvoir, cette profonde réflexion « que le vrai ne se peut trouver ni dans un extrême, ni dans l'extrême contraire ; que l'homme, nature finie, ne peut tomber dans l'infini, qui est l'absolu, c'est-à-dire l'extrême, sans se tromper et sans se perdre (1) ; » cet antagonisme indéniable, Carey en a recherché la source, et, remontant à l'origine du monde, il en constate l'existence dans la création elle-même et voit partout en présence L'ESPRIT ET LA MATIÈRE :

L'*homme* seul, d'une part, avec sa fécondante puissance intellectuelle, et la *nature*, de l'autre part, armée de toutes les forces destructives de la matière.

Partant de là, il suit toutes les péripéties de cette grande lutte et il en fait découler les lois éternelles qui président à l'organisation sociale.

En élargissant ainsi le cadre de la science sociale ; en la plaçant ainsi sur son vrai terrain méconnu par ses devanciers, Carey a fait incontestablement preuve de génie. Et, il est impossible que sa doctrine du progrès, la plus grandiose peut-être qui ait éclos dans le XIXe siècle, se perde dans la nuit des temps à côté des théories semblables à celles de M. Doubleday sur l'embonpoint.

Autre est le terrain sur lequel il a plu à

---

(1) D. DELORME, *Les Théoriciens au pouvoir*. Paris, Plon.

Malthus d'asseoir son système. Il oppose l'*accroissement physique* de l'espèce humaine à l'*accroissement physique* des aliments, des moyens de subsistance ; la *fécondité* physique de l'animal humain à la *fécondité* du sol où il broute, c'est-à-dire qu'il oppose la *matière* à la *matière*. C'est bien l'homme qu'il prétend montrer en lutte avec la nature, mais l'*homme végétatif*, — l'homme naissant, se nourrissant, puis mourant. Quant à l'*homme* proprement dit, l'*homme pensant*, l'être fait à l'image de Dieu qui — sous le nom de l'*intelligence* — dispose d'une force suffisante pour subjuguer la matière ; l'homme tel que la philosophie nous le fait concevoir reste complétement étranger aux spéculations de Mathus. Et, s'il fait intervenir l'esprit humain dans ses conclusions, c'est uniquement pour lui conseiller de s'exercer à contenir la bête.

Loin de nous la pensée, en analysant sa doctrine, de renouveler contre ce philanthrope les attaques absurdes autant que violentes auxquelles ses intentions mêmes se sont trouvées en butte. Il a cru voir « un précipice ouvert par la nature même sous les pas de l'humanité, » suivant l'expression de M. J. Garnier ; il a cru voir que l'Etre Suprême s'était fourvoyé et que cet instinct irrésistible qu'il nous a mis au cœur, l'amour, nous trompait horriblement. — Le rêve des cœurs honnêtes et chastes, la possession légitime de l'objet aimé, le *mariage* lui paraissait devoir conduire fatalement à la misère, au désespoir, tous ceux d'entre nous qui — avant de le contracter — n'auraient point passé à l'école de l'usurier ; tous ceux qui, — comptant seulement sur leurs talents mécaniques ou intellectuels et leur bonne volonté, — n'auraient pas attendu, pour obéir au vœu de la nature, qu'ils eussent d'abord un compte créditeur à la Banque ou des terres en Picardie.

Croyant voir une telle monstruosité dans la nature, il a — sentinelle vigilante — « poussé le cri d'alarme et averti ses frères ».

Nous reconnaissons donc et nous accordons que le livre de Mathus a été écrit dans les meilleures intentions, dicté par l'amour le plus sincère de l'humanité. Nous reconnaissons encore que, pour permettre à ses lecteurs de vérifier sa doctrine par des faits, il s'est livré aux travaux les plus consciencieux dont aucun écrivain eût donné l'exemple avant lui.

Mais Malthus, malheureusement, ne s'était pas livré à ces recherches en vue de la méthode rationnelle qui veut que l'on aille du connu à l'inconnu. Il s'était fait *a priori* une *opinion* sur le principe de population et il a eu en vue de chercher dans les faits la confirmation de cette opinion pour s'autoriser à l'ériger ensuite en *doctrine* et l'élever à la hauteur d'un *principe scientifique*.

Cette méthode, généralement condamnée en philosophie, conduit presque fatalement à l'erreur, parce qu'elle crée, pour celui qui l'adopte, le danger de tomber à chacun de ses pas dans le sophisme.

Malthus n'y a point échappé. Et, pour les esprits sincères, dégagés de toute influence de secte ou d'école, chacun des faits qu'il invoque à l'appui de sa doctrine en est une réfutation.

Ainsi, établissant son système sur l'accroissement *possible* de la population selon une progression géométrique et *l'impossibilité* de l'accroissement des moyens de subsistance, autrement que selon une progression arithmétique, Malthus n'a pas pris garde que,—l'homme ne pouvant vivre sans aliments,—l'accroissement de la population *en fait* doit être dans un rapport constant avec celui des moyens de subsistance, d'où il suit qu'il doit arriver de deux choses l'une :

Ou l'accroissement de la population en *progression géométrique* n'est qu'une *possibilité* susceptible d'être démontrée par une argumentation quelconque sur la fécondité de l'espèce humaine, ou sur tout autre ordre de phénomènes ; mais non un *fait* qui se soit jamais produit nulle part, puisque l'*impossibilité* pour les moyens de subsistance d'augmenter selon la même progression opposerait partout et toujours à cette tendance un obstacle permanent et invincible.

Ou bien cet accroissement de population en progression géométrique a existé, existe *en fait*, et en ce cas, il demeure évident que partout où ce fait s'est vérifié, l'accroissement des moyens de subsistance a dû nécessairement avoir lieu dans les mêmes proportions que celui de la population. Alors, les faits prouveraient — contre Malthus, — que, — comme la population, la production des moyens de subsistance peut aller, va doublant de période en période selon une *progression géométrique*.

Proposition qui renverse et détruit la seconde loi de Malthus que nous avons rapportée ci-dessus.

Or, il est assez étrange que Malthus et ses disciples, — loin de s'attacher à démontrer la première de ces deux propositions, celle qui découle logiquement de ses théories et qui, si sa doctrine n'était pas erronée, devrait en être la base fondamentale — se soient appliqués à établir précisément la proposition contraire, en invoquant à l'appui de la première loi — celle de l'accroissement *possible* de la population en progression géométrique — *des faits* qui renversent entièrement la seconde loi — celle de l'accroissement *impossible* des moyens de subsistance plus rapidement que selon une progression arithmétique.

Malthus dit à ce sujet que :

« Dans les Etats du Nord de l'Amérique, où les moyens de subsistance ne manquent point, où les mœurs sont pures, et où les mariages précoces sont plus faciles qu'en Europe, on a trouvé que la population, pendant plus d'un siècle et demi, avait doublé plus rapidement que tous les vingt-cinq ans (1). »

A l'appui de cette assertion du maître, M. J. Garnier rapporte le tableau des sept recensements qui ont été faits de la population des Etats-Unis de 1790 à 1850 inclusivement. — Il résulte de ce tableau que les mêmes Etats qui, au recensement de 1790, donnaient un total de 3,929,827 habitants, offraient à celui de 1840 le chiffre de 17,062,556 habitants. « Si l'on divise, observe M. Garnier, le chiffre de 1840 par celui de 1790, on trouve que la population a plus que quadruplé en 50 ans, c'est-à-dire qu'elle a plus que doublé en 25 ans (2). »

Mais ces faits recueillis avec tant de soins pour prouver l'exactitude des lois de Malthus, n'en sont-ils pas au contraire la réfutation la plus complète ?

Que nous dit Malthus ?

« *Lorsque la population n'est arrêtée par*

(1) Malthus, *Principe de population*, p. 7.

(2) Malthus, *Principe de population*, p. 654.

aucun obstacle, elle va doublant tous les vingt-cinq ans, et croît de période en période, selon une progression géométrique (Liv. I, ch. 1, p. 8, 2e éd. franç.), — c'est-à-dire que la race humaine croîtrait suivant les chiffres 1, 2, 4, 8, 16, 32.

La race humaine *croîtrait*, bien entendu, selon cette progression, *si elle n'était arrêtée par aucun obstacle*. Mais — et c'est en cela que consiste précisément « le précipice naturel que Malthus a cru voir sous les pas de l'humanité », — mais elle ne croît pas, *elle ne doit pas croître* ainsi, par l'effet de deux autres lois :

1° Parce que « elle est nécessairement limitée par les moyens de subsistance (p. 20);

2° Parce que « les moyens de subsistance ne peuvent *jamais* s'accroître que comme les chiffres 1, 2, 3, 4, 5, 6 (p. 10 et 11). »

Cette loi de l'accroissement de la race humaine en progression géométrique n'exprime qu'une *tendance* dans le système de Malthus, mais une *tendance ne pouvant jamais se traduire en faits*, car que signifierait alors sa loi des obstacles?

Mais rapportons, à cet égard, les propres expressions de Malthus.

« Les plantes et les animaux, dit-il, suivent leur instinct, sans être arrêtés par la prévoyance des besoins qu'éprouvera leur progéniture. Le défaut de place et de nourriture détruit dans ces deux règnes ce qui naît au-delà des limites assignées à chaque espèce.

« Les effets de cet obstacle sont pour l'homme bien compliqués. Sollicité par le même instinct, il se sent arrêté par la voix de la raison, qui lui inspire la crainte d'avoir des enfants aux besoins desquels il ne pourra point pourvoir. S'il cède à cette juste crainte, c'est souvent aux dépens de la vertu. Si, au contraire, l'instinct l'emporte, la population croît plus que les moyens de subsistance. Mais, dès qu'elle a atteint ce terme, *il faut qu'elle diminue*. Ainsi la difficulté de se nourrir est un obstacle toujours subsistant à l'accroissement de la population humaine : cet obstacle doit se faire sentir partout où les hommes sont rassemblés, et s'y présenter sans cesse sous les formes variées de la misère et du juste effroi qu'elle inspire.

« On se convaincra que la population *a cette tendance* constante à s'accroître *au-delà* des moyens de subsistance et *qu'elle est arrêtée par cet obstacle*, si l'on parcourt, sous ce point de vue, les différentes périodes de l'existence sociale (1). »

Puis plus loin, après avoir exposé ses lois, Malthus, comme pour ne laisser aucune équivoque sur sa véritable pensée, continue en ces termes :

« La conséquence inévitable de ces deux lois

---

(1) MALTHUS, *Principe de population*, p. 6.

d'accroissement comparées est assez frappante. Portons à onze millions la population de la Grande-Bretagne et accordons que le produit actuel de son sol suffit pour maintenir une telle population. Au bout de vingt-cinq ans, la population serait de 22 millions, et la nourriture étant aussi doublée suffirait encore à son entretien. Après une seconde période de vingt-cinq ans, la population serait portée à 44 millions, et les moyens de subsistance n'en pourraient plus soutenir que 33 millions. A la fin du premier siècle, la population serait de 176 millions et les moyens de subsistance ne pourraient suffire à plus de 55 millions, — *en sorte qu'une population de* 121 *millions d'hommes serait réduite à mourir de faim* (1). »

C'est bien clair, et l'on voit que nous n'interprêtons pas les lois de Malthus autrement qu'il ne l'a fait lui-même. Nous n'en tirons d'autres conséquences que celles qu'il a formellement admises dans ce passage. Il reconnaît qu'une population de 11 millions d'hommes a une *tendance* d'accroissement qui *pourrait* la porter au chiffre de 176 millions dans une période d'un siècle, tandis que ses moyens de subsistance, qui dans le même temps ne peuvent pas s'accroître selon la même progression, la forcent à ne pas dépasser dans

(1) MALTHUS, *Principe de population*, p. 11.

son accroissement les chiffres 11, 22, 33, 44 et 55 millions.

Ainsi, en rapportant ces appréciations de Malthus au mouvement de la population des Etats-Unis, voici les chiffres que nous devrions trouver. — Population en chiffre rond 4 millions en 1790 — avec des moyens de subsistance suffisants pour ce nombre d'hommes. En 1815, première période de doublement, — accroissement égal des moyens de subsistance et de la population qui se porte, sans encombre, au chiffre de 8 millions. Mais dans la seconde période de vingt-cinq années, de 1815 à 1840, nous devrions trouver en jeu tous les obstacles préventifs et répressifs de Malthus, forçant la population qui *tend* à s'élever au chiffre de 16 millions, à s'arrêter à celui de 12 millions, que l'accroissement des moyens de subsistance en *progression arithmétique* ne lui permet pas de dépasser.

Au lieu de cela, que nous montre le tableau des recensements de la population américaine, rapporté par M. J. Garnier ?

Que de 3,929,827 habitants en 1790, la population des Etats-Unis a atteint en 1840 le chiffre de 17,062,566, — soit un accroissement de la population, — *ainsi que de ses moyens de subsistance*, dépassant de 5,273,000 hommes, c'est-à-dire de près de 50 0/0 la limite *forcée* où devrait s'arrêter cet accroissement, si les propositions contenues dans le livre de Malthus étaient les véritables formules des lois de la population, si la doctrine de l'excès fatal de la population sur les moyens de subsistance était en effet, ce que prétendait M. Hegewisch, dans l'ardeur de son enthousiasme malthusien : *une révélation des lois de l'ordre moral, comparable à la découverte des lois de l'ordre physique de l'univers par Newton.*

Mais, si péremptoires que soient ces faits contre la doctrine de Malthus, ils ne resteront pas sans réplique de la part de ses disciples.

« En Amérique, nous diront-ils avec M. Rossi, pays neuf, riche en terres incultes et qui ne demandaient que des bras, du courage et un faible capital, pour fournir une masse surabondante de subsistances, ce rapide accroissement fortifiait l'État et enrichissait la famille. En serait-il de même dans les vieilles sociétés, dans celles dont le territoire est depuis longtemps occupé par une population déjà si nombreuse? *Là est toute la question.* Si, comme l'Amérique du Nord, l'Europe peut suffire aux besoins d'une population double, quadruple, décuple, tous les conseils de l'école de Malthus ne sont pas seulement inutiles, la morale et l'intérêt les repoussent également (1). »

(1) MALTHUS, *Principe de population*, page 89.

Etrange raisonnement! Les lois de Malthus sont démenties par les faits qui se sont passés, qui se passent encore dans l'Amérique du Nord. M. Rossi le reconnaît, l'admet, l'avoue! Il avoue que, pour *l'Amérique du Nord, tous les conseils de contrainte morale de Malthus ne sont pas seulement inutiles ; mais que la* MORALE ET L'INTÉRÊT *les repoussent également!* Et, tandis qu'il soustrait ainsi l'Amérique du Nord à l'action des prétendues *lois* de Malthus, il veut que ce soient les adversaires de sa doctrine qui démontrent « qu'il en serait de même en Europe, dans les vieilles sociétés, dans celles dont le territoire est depuis longtemps occupé par une population nombreuse. »

Là, pour M. Rossi, est toute la question!

Mais, qu'est-ce donc qu'il faut entendre dans les sciences par le mot *loi?* Quoi! vous établissez les *lois* qui régissent *universellement* le principe de population, l'on vous prouve que la population de tel pays donné n'obéit point à ces prétendues lois ; vous constatez, vous reconnaissez, en effet, qu'il en est ainsi ; puis, après cet aveu, vous vous redressez et vous criez à vos adversaires : mais ce n'est pas tout, il ne vous suffit pas de me prouver que le principe de population dans l'Amérique du Nord n'obéit point à mes lois, il vous faut aussi prouver qu'en Europe il n'y obéit pas davantage et, d'ici là, je soutiens qu'elles régissent *universellement* la population et restent aussi vraies, aussi importantes que celles de Newton !

Toutefois, envisageons cette question sur le terrain même où il a convenu à M. Rossi de la placer.

Il est clair que son objection revient à dire simplement que la loi d'accroissement des moyens de subsistance, formulée par Malthus, n'est pas constante et universelle ; qu'elle ne commence à agir que sous l'empire d'un état donné de civilisation, par exemple, de l'état actuel de la civilisation européenne.

Or, une telle proposition n'est pas scientifique.

Car il faudrait admettre que, dans tel état donné de civilisation, comme dans l'Amérique du Nord, il y a harmonie entre l'accroissement de la population et celui des moyens de subsistance : les deux ayant lieu également et suivant une même progression géométrique ; tandis que dans tel autre état de civilisation, en Europe par exemple, il y a antagonisme entre les deux tendances d'accroissement, la population augmentant, dans tous les cas, en progression géométrique, tandis que là, les moyens de subsistance ne peuvent plus s'élever qu'en suivant la progression arithmétique. D'où la conclusion que le principe de population, variable à l'infini, donnerait lieu à autant de *sciences économiques et sociales différentes* et même opposées les unes aux autres qu'il peut être imaginé de degrés dans les différents états de civilisation.

Tant que des théories d'une telle souplesse, d'une telle élasticité restent affirmées au nom de l'économie politique, peut-on s'étonner de voir à chaque instant dénier à cette branche des connaissances humaines la qualité de *science ?*

La *science* n'est-elle pas avant tout la codification des lois, des principes inflexibles qui régissent, à travers le temps et l'espace, l'ordre physique, naturel ou moral de l'univers ?

« Qu'importent, dit ailleurs M. Rossi, les termes exacts des deux programmes indiqués par Malthus ! Il suffit, pour justifier ses doctrines, que l'une de ces progressions, que celle qui représente la propagation de notre espèce soit plus rapide que l'autre. »

Il est certain que si M. Rossi entendait faire abstraction des deux progressions contraires, ce ne serait plus la doctrine de Malthus qu'il soutiendrait, car la *tendance* de la population à dépasser les moyens de subsistance ne résulte, dans tout le système de Malthus, que de la différence même de ces deux progressions. Aussi, nier les deux progressions, ce serait rejeter du même coup le système tout entier.

Mais, hâtons-nous de le dire, telle n'était pas la pensée de M. Rossi. Il entendait maintenir, dans leur formule rigoureuse les deux lois d'accroissement de Malthus. « *Il suffit*, pour lui, *que l'une des deux progressions soit plus rapide que l'autre.* » Il ne faisait donc bon marché que de la période de doublement adoptée par Malthus.

Il est de toute évidence que cela ne touche pas au fond de la question. Malthus, d'ailleurs, en adoptant ce terme de vingt-cinq années, ne pouvait avoir la pensée de l'indiquer dans un sens littéral et absolu. Que la période assignée à l'accroissement des deux progressions soit de dix ans ou de cent ans, pourvu que, dans le même temps, l'une des deux soit géométrique et l'autre arithmétique, cela ne change rien à la doctrine de Malthus qui repose essentiellement sur la *nature différente* des deux progressions.

Cela ne change rien non plus à notre objection, car, quelle que soit la période de doublement de la population, elle ne peut jamais s'être accrue *en fait* selon une progression géométrique, sans que les moyens de subsistance se soient accrus dans le même temps et selon la même progression, ainsi qu'il résulte de nos précédentes démonstrations.

Que si l'on adoptait une modification plus profonde dans la formule des lois de Malthus et qu'on voulût prétendre que la progression des hommes et des subsistances fût également géométrique ou également arithmétique, mais à quotients diffé-

rents; que la première serait, par exemple, comme les chiffres 1 — 3 — 9 — 27 — 81 — 243
et l'autre 1 — 2 — 4 — 8 — 16 — 32

Ou bien, pour la première les chiffres :

1 — 3 — 5 — 7 — 9 — 11 — 13 — 15

et, pour la seconde :

1 — 2 — 3 — 4 — 5 — 6 — 7 — 8

Le système malthusien, reposant sur la différence des quotients de deux progressions de même nature, serait encore le même, car le fondement de ce système, c'est la *tendance* de la population à *dépasser* le niveau que lui assignent ses moyens de subsistance, c'est le manque perpétuel d'équilibre entre le nombre des *bouches* et celui des *pains*.

Mais, nous le répétons, l'affirmation d'une telle *tendance* ne peut jamais avoir pour bases que des *hypothèses*. Toutes les fois que l'on voudra invoquer à son appui des *faits positifs* d'accroissement de population, on prouvera en même temps l'accroissement en progression exactement semblable des moyens de subsistance, car les hommes ne peuvent vivre sans manger.

S'il en était besoin, il nous serait fort aisé de démontrer au contraire que l'accroissement des moyens de subsistance a lieu dans tous les pays civilisés selon une progression plus rapide que celui de la population : il suffit pour cela d'un coup d'œil sur les tables de statistique de l'Europe.

CHAPITRE CINQUIÈME

PRINCIPE DE POPULATION DE MALTHUS.

— Suite —

Nous avons à examiner ici la doctrine de Malthus sous un autre aspect, sous ce que nous oserons appeler son aspect vraiment scientifique.

« Comparer la *fécondité* de la terre à celle de l'espèce humaine, dit encore M. Rossi, et soutenir que l'une sera toujours égale à l'autre n'est pas d'hommes réfléchis. *La terre a ses limites* et nul ne peut ignorer qu'en appliquant au même champ une seconde, une troisième, une quatrième, une cinquième portion de capital et de travail, on n'obtiendrait pas indéfiniment un accroissement proportionnel des produits (1). »

« Si nous écartons, dit de son côté J.-B. Say, toutes les causes qui bornent l'accroissement de notre espèce, nous trouvons qu'un homme et une femme, mariés aussitôt qu'ils sont nubiles, peuvent *aisément* donner naissance à douze enfants, *tout au moins*. *On a vu* des femmes en produire jusqu'à *trente*. Or, douze enfants qui naîtraient pour remplacer le père et la mère, sextupleraient

(1) MALTHUS, *Principe de population*, p. 38.

le genre humain à chaque génération, si chacun d'eux parvenait à l'âge de se reproduire.

« L'expérience, à la vérité, nous apprend que la moitié environ des êtres humains périssent avant l'âge de vingt ans, mais, en même temps, que ceux qui atteignent cet âge ont une probabilité de vie moyenne de vingt-six ans; elle nous apprend, en même temps, que les deux sexes naissent à peu près en même nombre. On voit par là que si chaque couple ne peut pas élever douze enfants en état de se reproduire, *il en peut élever six* qui sont capables de peupler autant que le premier couple l'a fait lui-même. D'où l'on peut conclure que *s'il n'y avait aucun obstacle* à cette multiplication, la population d'un pays quelconque triplerait au bout de vingt-six ans. Une nation de 30 millions d'âmes, comme la nôtre, en aurait alors 90 millions; 26 ans plus tard, elle aurait trois fois ce nombre, ou 270 millions. Au bout de trois fois vingt-six ans, dans soixante-dix-huit ans, elle en aurait 810 millions. Enfin, un siècle à peine révolu, la France contiendrait 2 milliards 400 millions d'habitants (beaucoup plus que l'on n'en compte maintenant sur la surface entière du globe) (1). »

C'est-à-dire que *la faculté de croître et de se*

(1) J.-B. SAY, *Cours d'économie politique*, 2ᵉ vol., p. 128.

propager est indéfinie, illimitée dans l'espèce humaine.

Or, la population ne s'est jamais accrue nulle part dans les proportions établies par Say. Il n'y a donc là encore qu'une *tendance* à laquelle un obstacle extérieur, étranger à la nature humaine, s'oppose.

Quel peut être cet obstacle ?

M. Rossi vient de nous le montrer : *c'est la double limite de la fécondité et de l'étendue de la terre habitable.*

Envisagée sous ce nouvel aspect, la doctrine malthusienne résiste-t-elle mieux au témoignage des faits? Est-il démontré par l'observation que la population atteint, partout et toujours, en vertu du principe d'accroissement de Say, ce niveau que la fécondité et l'étendue de son territoire lui assignent et l'empêchent seules de dépasser? Sa tendance à s'élever, partout et toujours, au-dessus de ce niveau, est-elle assez évidente pour nécessiter l'intervention de la loi des obstacles?

Pour en juger, suivons Malthus dans le Nouveau-Monde, étudions avec lui les phénomènes relatifs à la population, chez les sauvages, les primitifs habitants de cette Amérique qui a déjà fourni la solution pratique de tant de problèmes sociaux (1).

---

(1) Voy. MALTHUS, *Principe de population*, p. 26 et suiv.

« L'ignorance et l'indolence des sauvages, nous dit Malthus, l'imprévoyance qui les caractérise les privaient souvent de l'avantage de conserver pour l'avenir les provisions qui excédaient le besoin du moment.... Leurs tribus sont éparses sur la face de la terre. Il faut qu'elles s'évitent ou se combattent. Aussi les voit-on engagées dans d'éternelles guerres... Dans l'intérieur des provinces situées sur les bords l'Orénoque, on peut traverser le pays en différentes directions et faire plusieurs centaines de milles sans trouver une hutte, sans apercevoir la trace d'une créature humaine... Les missionnaires parlent de voyages de douze journées faites sans rencontrer une âme vivante, et d'immenses étendues de pays où l'on trouvait à peine trois ou quatre villages épars.... Ne connaissant aucune espèce d'agriculture, ils mangent la racine de quelques plantes, qu'ils ont beaucoup de peine à se procurer. Ils prennent quelquefois du poisson et tuent quelques pièces de gibier, mais en si petite quantité, qu'ils sont souvent tourmentés de la faim, au point de la satisfaire en mangeant des araignées, des œufs de fourmis, des vers, des lézards, des serpents, quelquefois même une sorte de terre onctueuse.... Ils mettent à part et conservent les os des poissons et des serpents qu'ils broient et qu'ils mangent. »

Pourquoi une population si faible sur ce *vaste continent,* « qu'on y a traversé quelquefois plusieurs centaines de lieues de *plaines* et de *forêts* absolument inhabitées? » Une telle faiblesse numérique était-elle la limite que lui assignaient la fécondité et l'étendue de son territoire? Pour dévorer des araignées, des lézards et toute sorte d'immondices, ces hommes avaient-ils dépassé en nombre la limite de la population que comportait la production de froment, de seigle, de maïs, de bœufs, de moutons, etc., équivalant à la fécondité du territoire qu'ils occupaient?

Poser de pareilles questions peut paraître de la puérilité, car le lecteur n'a pas perdu de vue que ce même territoire, « où les sauvages envisageaient le simple accroissement d'une tribu comme un acte d'agression, tant ils craignaient d'y manquer de place, » est marqué aujourd'hui sur la carte du monde par ce grand nom : LES ETATS-UNIS. Sur ce même territoire, la grande République étoilée loge à l'aise les 38 *millions de citoyens* dénombrés à son dernier recensement et offre encore de la place dans l'enceinte de son gigantesque périmètre au reste des humains. Ce même sol, « où les sauvages étaient réduits souvent à chercher dans la mort volontaire un refuge contre la faim, » *est d'une fécondité suffisante* pour fournir à sa nombreuse population d'abord et ensuite au reste du monde, par ses immenses exportations, une telle masse de *moyens de subsistance* que Lamartine, le poëte des *Médita-*

tions, s'en est laissé émerveiller. Et, déposant pour un instant sa lyre, il a convoité la riche vallée du Mississipi et absous l'injuste agression de la France contre le Mexique : cette guerre criminelle dont tout le prétexte était « de s'emparer des clefs de ce *grenier de l'Europe* ».

Le moment nous paraît venu d'appeler l'attention du lecteur sur l'étrange ambiguïté, non-seulement d'expressions, mais de *pensées*, que comporte la doctrine de Malthus.

C'est, croyons-nous, au double aspect que revêt cette doctrine que l'on doit rapporter son étrange fortune.

La thèse malthusienne n'est soutenable, ni si l'on fait reposer l'insuffisance des moyens de subsistance, d'une manière positive et précise, sur la prétendue loi des progressions contraires, ni si on lui donne pour base, en termes également précis et exclusifs, la fécondité de la terre marquant la limite d'accroissement de la population.

Dans le premier cas, l'élévation constante de la moyenne individuelle des provisions, dans les pays les plus civilisés, qui sont en même temps les plus populeux, oppose à cette théorie un démenti absolu. Dans le second cas, elle se trouve détruite non moins complétement par le fait également constant de l'extrême faiblesse numérique des sauvages, alors qu'on les trouve sur les continents les plus vastes et les plus fertiles du monde.

Mais, grâce à cette ambiguïté, à cette confusion, la polémique s'éternise en roulant sur les *distinctions*.

« Dans cette étude, nous dit M. Rossi, il faut tenir un compte exact de toutes les circonstances et ne marcher, je dirais presque, que de distinction en distinction.

En effet, ici, on le voit, les circonstances sont changées : la population n'est point arrêtée dans son accroissement par les bornes que lui opposent *la fécondité et l'étendue limitées* de son territoire ; ce qui l'empêche de s'élever au-dessus de ce niveau si remarquablement bas, c'est la loi de progression plus lente dans le principe d'accroissement.... des araignées, des œufs de fourmis, des vers, des lézards, des os de poissons, de la terre onctueuse, des peaux de castors.

Là-dessus, Malthus nous montre l'action de sa *loi des obstacles* maintenant chez ces sauvages l'équilibre entre le niveau de la population et celui des moyens de subsistance, puis il conclut « que la faible population de l'Amérique répandue sur son vaste territoire n'est qu'un exemple de la vérité évidente de sa doctrine ».

Mais ces deux termes : *faible population* et *vaste territoire*, contenus dans sa conclusion même, ne sont-ils pas, au contraire, pour tout lecteur de bonne foi, la preuve incontestable de son évidente erreur?

« Mais, continue Malthus, la partie la plus intéressante de la recherche que nous avons entreprise, celle sur laquelle j'ai le plus à cœur de diriger l'attention du lecteur, est l'examen des moyens par lesquels la population se maintient au niveau des faibles secours qui sont à sa portée. »

Or, en examinant soigneusement tous ces obstacles à l'accroissement de la population qui sont, pour Malthus, « autant de formes différentes que revêt la famine, » qu'y voyons-nous?

Des peuplades ignorantes décimées, dès la naissance, par de barbares coutumes; ravagées par des épidémies auxquelles elles ne savent opposer aucune règle d'hygiène, aucun moyen curatif; succombant à des maladies plus ou moins graves, dont elles ne peuvent se guérir; tombant en plus ou moins grand nombre dans ces éternelles guerres qu'elles se livrent pour les motifs les plus futiles; moissonnées à la fleur de l'âge par la consomption, la pleurésie, l'asthme, la paralysie, les maladies pestilentielles, une foule de maux, combattus avec succès dans un état supérieur de civilisation, mais contre lesquels, dans leur état d'abrutissement, elles ne peuvent se défendre; victimes, enfin, d'horribles famines, dont nous voyons de plus en plus s'affranchir les nations qui avancent en civilisation, celles précisément dont la population, déjà considérable ne cesse pourtant de s'accroître chaque année.

Cet enchaînement forcé, par lequel toutes les causes destructives de la vie humaine se trouvent rapportées à une source unique : le manque de subsistances, n'est-il pas la preuve la plus convaincante de la méthode erronée que Malthus a suivie dans son œuvre ?

N'est-ce pas, de toute évidence, un pur sophisme que Malthus a pris pour base de sa *loi des obstacles* quand il dit que « ce sont autant de formes différentes que revêt la famine ? »

Il n'est évidemment pas *nécessaire* que le principe d'accroissement des moyens de subsistance de l'homme soit plus lent que le principe de propagation de son espèce, pour que la famine exerce ses ravages sur des peuplades plongées dans une ignorance absolue ; incapables de lutter contre la nature, pour faire tourner à leur profit la fécondité de la terre ; ne connaissant pas le *travail*, cette véritable loi qui s'impose à l'*homme* véritable et complet ; des troupeaux de brutes, enfin, dont les moyens de subsistance dépendent uniquement de la *production spontanée* des forêts où elles errent, semblables aux animaux mêmes dont elles se nourrissent.

Il n'est pas *nécessaire* qu'il y ait une insuffisance de nourriture parmi ces peuplades, pour que « dans leurs vastes plaines un soleil brûlant, qui,— après la saison de pluies, darde ses rayons sur des terres inondées, — y engendre de funestes épidémies ; » etc.

On se convaincra aisément, au contraire, que les maladies pestilentielles, la famine, la guerre; sont des faits qui ne dépendent point si évidemment de l'excès de la population sur les moyens de subsistance; que l'un n'est pas assez clairement une cause dont les autres soient *nécessairement* les effets, pour que l'on puisse se dispenser de faire la preuve de cette corrélation lorsqu'on en fait la base d'une doctrine scientifique.

Et si nous cherchons les *obstacles répressifs* de Malthus agissant sur des populations d'une civilisation plus avancée, nous ne verrons que mieux ressortir le sophisme qui sert de fondement à cette prétendue loi.

Voyez, par exemple, l'île de Saint-Thomas, si fréquemment visitée par de terribles ouragans; est-il nécessaire que la population de cette île dépasse le niveau de ses moyens de subsistance pour qu'un tel fléau s'abatte sur elle et la décime?

Retournons aux États-Unis. En présence de l'immigration constante dans cette magnifique contrée du trop plein de l'Angleterre, de l'Irlande, de l'Allemagne, de la Chine, du monde entier, pouvons-nous considérer les effroyables hécatombes de la guerre de sécession, comme un effet dont l'excès de population serait la cause?

Et les scènes de carnage dont la France et l'Allemagne ont donné récemment le spectacle à l'Europe stupéfaite? Il nous paraît bien certain que ce n'était pas en vue de rétablir l'équilibre entre les hommes et les provisions dans ces deux États que leurs ministres Bismark et Émile Olivier les ont lancés dans ce sauvage conflit, — dans cette lutte indigne du XIXe siècle, où des centaines de milliers d'existences humaines ont été sacrifiées impitoyablement pour ce mince résultat humanitaire :

Le rideau tiré à Sedan sur une comédie impériale, pour se relever à Versailles sur une nouvelle comédie du même genre avec simple changement de tréteaux et d'acteurs.

Il nous paraît également certain que, si les Anglais et les Américains ne se sont pas boxés à propos de l'*Alabahma*, ce n'est point parce que, tout bien calculé, ils aient pensé à refuser le refuge de la mort, le bénéfice de l'extermination à leurs soldats, à « ces malheureux humains que nous sommes, accourant trop nombreux au banquet de la vie », s'il faut en croire M. Blanqui.

Enfin, on peut bien affirmer que si, — par l'effet d'une rivalité en Orient,— entre l'influence anglaise et celle du Cabinet russe, la guerre éclate entre ces deux peuples, comme on ne cesse de le prévoir en Europe depuis quelques années ; si après que le *léopard* de la Grande-Bretagne aura sauté à la gorge des Russes, nous voyons, — comme on le craint aussi, — les enchevêtrements d'alliances entraîner dans la mêlée l'*aigle noire* de Prusse, puis le vieux *coq* gaulois, puis le *lion* de Saint-Marc, puis toutes les bêtes impériales ou royales d'Autriche, d'Espagne, d'Italie, de Turquie ; — si nous étions condamnés à assister à cette *sauvage* conflagration de toutes les nations *civilisées*, — ce ne serait certainement pas à la requête des peuples — malades de la prétendue pléthore de l'excès de population — que leurs gracieux souverains leur infligeraient une telle saignée.

N'est-il vraiment pas étrange qu'un tel sophisme, grâce à l'ambiguïté que nous avons signalée au lecteur, ait pu ainsi servir de fondement à une doctrine qui a fait école, — que des savants distingués professent et renient tour-à-tour suivant qu'ils enseignent ou qu'ils discutent, — et cela depuis plus d'un quart de siècle, sans s'apercevoir de leur perpétuelle contradiction avec eux-mêmes? Mais revenons à l'examen séparé de chacune des affirmations que comporte cette doctrine de Malthus.

Cette théorie se condense dans les trois propositions que voici :

1° *L'accroissement rapide observé dans la population de certains pays a pour cause la fécondité constante et illimitée de l'espèce humaine.*

Cette affirmation est bien le résumé du passage de J.-B. Say que nous avons rapporté au commencement de ce chapitre. — C'est aussi le résumé de la première loi de progression de Malthus.

2° *Cette grande puissance prolifique de notre espèce n'est contre-balancée par aucun principe d'équilibre inhérent à la nature humaine.*

Cette proposition se trouve contenue dans la *loi des obstacles* par laquelle Malthus et son école montrent que l'équilibre n'est rétabli que par l'intervention d'un principe ou plutôt d'une série de *faits extérieurs*, étrangers à notre nature, et qui se trouvent tous rapportés — par le sophisme que nous venons de démontrer — à un principe commun, mais également étranger à la nature humaine.

3° *Enfin, ce principe extérieur auquel se rapportent tous les obstacles qui arrêtent l'accroissement de la population, c'est la fécondité limitée de la terre qui ne permet pas aux choux et aux poules de s'accroître aussi rapidement que le nombre des hommes.*

1. — Sur quoi se fonde la première de ces trois propositions?

Nous venons de voir que, d'après un calcul de J.-B. Say, — que M. J. Garnier trouve *fort simple*,

— « la population d'un pays quelconque triplerait tous les vingt-six ans — sans la loi des obstacles de Malthus, parce que un homme et une femme, mariés aussitôt qu'ils sont nubiles, *peuvent aisément* donner naissance à *douze enfants* tout au moins, — parce qu'on a vu des femmes en produire jusqu'à *trente*.

Il est étrange qu'un esprit d'une telle supériorité que J.-B. Say, — en établissant ce calcul en apparence si simple, — n'ait point remarqué que prenant pour point de départ : la probabilité d'une vie moyenne de vingt-six ans, et aboutissant à assigner une période égale de vingt-six années au triplement de la population, — il établissait ainsi une loi de corrélation entre l'accroissement de la population et la probabilité de vie moyenne ; c'est-à-dire entre la *fécondité* et la *longévité* de l'espèce humaine.

D'où la nécessité de demander *aux faits* la confirmation, puis la formule de cette loi, si elle existe.

Il s'apercevrait bien vite — en se livrant à cette recherche — de l'erreur de son assertion d'une fécondité illimitée de l'espèce humaine. Il verrait que les faits recueillis par la statistique — loin de démontrer une raison directe des rapports entre la fécondité et la longévité de l'espèce humaine, comme il le faudrait dans l'hypothèse de Malthus, — établissent avec la dernière évidence, au contraire, que *la fécondité décroît partout à mesure que la durée probable de la vie augmente.* — Il verrait que les sciences naturelles, sanctionnant les données de la statistique, — établissent à cet égard une loi constante et invariable que nous nous permettrons de formuler en ces termes :

La longévité et la fécondité sont partout et toujours en raison inverse l'une de l'autre.

Nous développons ailleurs les conséquences de cette loi, qui doit nous servir à établir le véritable principe de population.

Constatons seulement ici que la *fécondité*, pas plus que la *longévité*, n'est fixe et invariable dans l'espèce humaine. Ces deux éléments déjà si variables entre les individus subissent des modifications profondes, mais *constantes*, sous l'empire de la civilisation.

Sans parler de ces dernières modifications dont la marche est opposée à la doctrine malthusienne, comme nous le démontrerons dans la seconde partie de ce travail, nous devons remarquer ici que J.-B. Say, négligeant totalement les variations de la fécondité entre les individus, a oublié qu'en pareille matière la science doit s'appuyer sur la moyenne de tous les chiffres donnés par l'observation. C'est un pur sophisme que de prétendre que la mesure de la fécondité de l'espèce humaine tout entière soit précisément celle de la plus grande fécondité observée chez un seul individu de l'espèce.

Quoi! parce qu'on a vu une femme produire jusqu'à trente enfants, il en faudrait conclure que *toutes les femmes* ont, en principe, une fécondité suffisante pour fournir chacune trente membres nouveaux à la population! Et Say a cru faire une grande concession à l'esprit de contradiction en n'admettant pour *chaque couple* humain, marié dès l'âge nubile, qu'une procréation moyenne de *douze enfants*, dont six pouvant se reproduire dans les mêmes proportions!

Mais ne pourrait-on pas, avec le même sophisme, faire la généralisation contraire, et conclure de la stérilité absolue de toutes les femmes?

Nous avons connu bon nombre de vieillards plus que centenaires. Si nous voulions conclure de ces faits accidentels et isolés à l'existence d'une force vitale identique pour tous, pouvant, devant même, — sauf des accidents, des obstacles extérieurs, — mettre l'intervalle d'un siècle entre la naissance et la mort de chaque individu de notre espèce.

On combattrait victorieusement ce sophisme, en nous montrant les nombreux enfants qui s'éteignent chaque jour sur le sein maternel, avant que d'avoir vécu et ne font qu'un seul pas sur notre planète : celui du berceau à la tombe. On nous opposerait les données de la statistique : on nous prouverait que la *longévité moyenne* a été de six ans, à telle époque pour la population de tel pays ; qu'elle a été plus ou moins élevée à telle autre époque dans le même pays ou tel autre pays, à la même époque, — sans pour cela qu'on ait cessé de rencontrer des vieillards centenaires dans tous les temps et dans tous les lieux.

Mais s'agit-il de la *fécondité des mariages?* Les enseignements de la statistique deviennent d'une moindre autorité, ou plutôt sans autorité aucune.

Tandis qu'on nous affirme que chaque femme mariée à l'âge nubile *peut* donner *naissance* à *douze enfants* tout au moins, M. Moreau de Jonnès montre par la statistique de la France qu'en 1806 l'on comptait dans ce pays une moyenne de *cinq mariages stériles* pour chaque couple donnant naissance à UN ENFANT. — Soit une naissance par six mariages.

A ce compte, si nous supposons la vie moyenne de vingt-six ans, nous trouvons que de quatorze ans — l'âge ordinaire que l'on assigne à la puberté des filles, — à vingt-six ans, il y a un espace de douze années, durant lequel six couples français procréent ensemble *un seul enfant par an*, soit un total de *douze enfants*, dans le cours *probable* de leur existence, ou juste assez pour remplacer exactement ces six couples, au moment de leur mort *probable*, — et maintenir l'équilibre de la population.

Ce qui prouve que *pour la France* et pour *l'année* 1806, la mesure relative de la *fécondité* des mariages indiquait dans la population, — non une tendance à doubler à vingt-cinq ans suivant l'hypothèse de Malthus, ou à tripler en vingt-six ans conformément au « simple » calcul de Say, — mais plutôt une tendance à s'immobiliser et même à décroître, si l'on tient compte de la fécondité bien plus faible des personnes vivant plus ou moins longtemps dans le célibat.

Chose étrange ! ce rapport du nombre des naissances à celui des mariages, — ou la *fécondité moyenne* n'a pas cessé depuis lors de suivre en France une *progression décroissante*, — tandis que la population française au total n'a pas *cessé de s'accroître !*

D'où il suit que le *principe d'accroissement* de la population n'a pas de rapport direct avec cette *fécondité* dont Malthus avait fait *à priori* la cause de cet accroissement.

Nous ne voulons pas dire que la population puisse *exister* et par conséquent augmenter sans la faculté de se reproduire qui balance la mortalité dans tout le monde organique.

Mais nous soutenons, — quelque paradoxal que cela puisse paraître, — que dans une société en progrès on observe généralement la simultanéité de ces deux faits : Accroissement progressif de la population en nombre absolu, et diminution progressive de la fécondité moyenne des mariages.

Il n'y a qu'à jeter un regard sur la statistique d'un pays civilisé pour se convaincre de ce fait qui démontre si complétement l'erreur de Malthus.

Disons pourtant qu'on ne doit pas être surpris de cet oubli des enseignements de la statistique de la part de Malthus et de J.-B. Say, — dont les spéculations étaient basées plutôt sur des recherches historiques; puisque M. Moreau de Jonnès, — qui cultivait essentiellement la science même de la statistique, — a pu tomber dans le même sophisme et soutenir la théorie de la *fécondité en progression géométrique* qui sert de base à la doctrine de l'*excès de population*.

« On ne saurait douter, dit-il, que la puissance prolifique de notre espèce ne permette à *chaque mariage* de produire, en l'espace d'une seule génération, six enfants, dont deux meurent *ordinairement* en bas âge et quatre survivent à leurs père et mère (1). »

Voilà comment une pure *hypothèse* se trouve affirmée comme un *fait*, dont on ne peut douter,

---

(1) Voy. ANNUAIRE DE L'ÉCONOMIE POLITIQUE, année 1847, p. 287.

pour servir de prémisses aux calculs de progression de M. de Jonnès.

« *On ne peut pas douter que chaque mariage puisse produire six enfants*, — lorsque M. de Jonnès lui-même enseigne qu'il ne naissait en France en 1806 qu'*un enfant* par six mariages!

Il nous faut encore admettre, — non-seulement ces six enfants par mariage, mais encore que *quatre* d'entre eux survivent à leurs père et mère *ordinairement*, et, « se mariant à leur tour, deviennent la souche d'une génération nouvelle, double en nombre de celle qui l'a précédée! »

Est-il besoin d'évoquer les tableaux de statistique pour démontrer combien sont fausses de telles assertions? Ne suffit-il pas, pour s'en convaincre, que chacun de nous observe ce qui s'est passé, se passe chaque jour autour de lui et dans sa propre famille?

La misère, l'insuffisance des moyens de subsistance est-elle l'obstacle préventif ou répressif auquel l'Europe contemporaine doit de n'être point en mesure de compter par millions les descendants d'Adam Smith, de Malthus, de Ricardo, de Turgot, de Quesnay, de Say, ou ceux des noms plus anciens de Newton, de Cromwell, de Galilée, de Sully, de Colbert, de Voltaire, etc., etc.

C'est pourtant ce qui devait arriver si les hypothèses de M. Moreau de Jonnès étaient, — comme il le prétendait, — des fait, *dont on ne puisse douter*.

« La descendance directe d'un seul couple, — affirme-t-il, comme conséquence de ce qui précède, — donne au pays qu'il habite six personnes en trente-trois ans, douze en soixante-six, vingt-quatre en un siècle, cent quatre-vingt-douze en deux cents ans, plus de quatre-vingt-dix-huit mille en cinq cents ans, et au delà de *trois milliards* en mille années. Suivant cette proportion, *s'il n'eût existé aucun obstacle à l'ordre naturel des choses*, une famille unique du temps de Philippe Auguste aurait suffi pour produire, par sa filiation, toute la population qui couvre le sol de la France. Les habitants actuels de l'Europe pourraient provenir d'un seul couple vivant sous le règne de Hugues Capet; et le globe entier aurait pu recevoir sa population totale d'une famille existant sous Charlemagne et dont les générations se seraient succédé régulièrement jusqu'à nos jours *sans trouver aucune entrave à leur développement*. »

C'est une chose vraiment digne de remarque que l'étrange sophisme qui s'est pour ainsi dire implanté dans les spéculations philosophico-scientifiques et surtout dans les théories économiques et financières, par les décevants calculs de progression de notre illustre homonyme le docteur Price. Ce sont ces calculs dont s'inspire évidemment la doctrine malthusienne, de même qu'ils ont donné aux gouvernements européens la théorie financière non moins fausse des *caisses d'amortissement*.

On s'aperçoit aujourd'hui de la nature illusoire de ces calculs tout au moins à l'égard des caisses d'amortissement qu'un économiste distingué, M. Gustave Du Puynode, appelle « un décevant mirage » et qui, d'après Hamilton et Ricardo, — nous dit-il, — « loin d'avoir jamais réduit aucune dette, n'avaient servi qu'à charger les budgets, en dissimulant la vérité (1). »

Il nous paraît évident que ces progressions ne sont ni moins décevantes ni moins chimériques, appliquées au principe de population qu'à celui des caisses d'amortissement.

En effet, le calcul de M. Moreau de Jonnès, — comme tous ceux de même nature qui ont pu être produits par Malthus, par J.-B. Say ou par les économistes contemporains, — repose sur deux assertions d'une fausseté absolue et que repoussent également l'expérience et la raison.

1° La fécondité de l'espèce humaine *est égale* dans tous les individus, et, du règne de Charlemagne à celui de Napoléon, la puissance de reproduction sera exactement la même pour toutes les femmes issues d'une même souche.

---

(1) G. DU PUYNODE, *de la Monnaie, du Crédit et de l'Impôt.*

2° Cette fécondité invariable dans les individus ne subit aucune modification par leur union, et *tous les mariages* dans toutes les situations possibles, à travers le temps et l'espace, produiront toujours et *nécessairement* SIX ENFANTS AU MOINS dont les deux tiers arriveraient non moins nécessairement à se reproduire s'ils n'étaient supprimés par des accidents extérieurs, des obstacles étrangers à leur propre nature.

Bien que toute récente, la science de la statistique, — qui doit d'ailleurs beaucoup à M. Moreau de Jonnès, — avait déjà fait assez de progrès pour renverser les théories de Malthus, dès l'époque où ce statisticien publiait ses calculs de progression — (*Annuaire de l'économie politique de* 1847.)

Empruntons à cet égard quelques chiffres à M. Moreau de Jonnès lui-même.

D'après cet écrivain, il y avait en France, comme nous l'avons dit ci-dessus :

En 1806, une seule naissance légitime sur 6 femmes mariées.

Ce rapport, toujours d'après lui, tombait
en 1821 à *une* naissance légitime sur 6.23 » »
en 1831 id. id. 6.55 » »
en 1826 id. id. 6.64 » »

« D'où il suit, — concluait M. Moreau de Jonnès lui-même, — que la *fécondité conjugale avait diminué* d'un sixième par chaque union en soixante ans.

Comme on le verra en consultant les tableaux de statistique publiés par l'*Annuaire de l'économie politique*, la fécondité des mariages n'a pas cessé depuis lors de suivre en France une *progression décroissante*. Ainsi le rapport des naissances aux mariages, qui était de 4.19 — de 1781 à 1784 — et seulement de 3.46 de 1841 à 1846 — d'après M. de Jonnès, — tombait jusqu'à 3.03 en 1860 — d'après M. A. Legoyt.

Cependant la population de la France n'en a pas moins suivi une marche ascendante constante, ainsi que le montrent les chiffres suivants :

De..........	19,000,000	âmes,	en	1700
Elle s'élevait à	25,189,000	»	»	1791
Puis....	27,349,000	»	»	1801
»	32,569,000	»	»	1831
»	35,781,000	»	»	1851

Et enfin à plus de 38 *millions* avant la fatale guerre avec l'Allemagne, qui, en lui enlevant une portion de son territoire, lui a causé une diminution de population assez sensible.

Mais les malthusiens, dont la doctrine se trouve renversée par ce *fait* incontestable de la progression décroissante des mariages en France se produisant en même temps que l'accroissement constant de la population, glissent sur cette observation si remarquable et éludent ainsi d'en mesurer toute la portée.

Aussi, chose à peine croyable, le 5 *février* 1873, c'est-à-dire hier, c'est-à-dire aujourd'hui, la question de la population a été agitée à la réunion de la Société d'économie politique de Paris, — et les plus grands noms de la France contemporaine dans la carrière des sciences morales et politiques, les Michel Chevalier, les Hippolyte Passy, Maurice Block, Baudrillart, Gustave de Molinari, Joseph Garnier, presque tous membres de l'Institut de France, ont pu, — sans tenir le moindre compte des enseignements de la statistique, — chercher les causes du ralentissement de la population de la France, constaté par le recensement de 1872 — dans ce que M. H. Passy, le président de la réunion, appelle : « un excès « regrettable de réserve dans une partie de la « population en matière de procréation. »

Ce qui suppose, — comme le voulait Malthus et comme les faits le démentent de la façon la plus absolue, — que l'accroissement de la population et la fécondité des mariages soient toujours et nécessairement en raison directe l'un de l'autre.

Aussi est-ce avec raison que M. J. Garnier, secrétaire perpétuel, s'est écrié à la fin de ces débats : « Si l'esprit de Malthus pouvait être évo- « qué et prendre part à la discussion, il se trou- « verait d'accord avec le bon sens formulé par

« MM. Hippolyte Passy, Michel Chevalier, de « Molinari, Baudrillart et par M. Villiaumé lui-« même (1). »

Cependant nous osons croire le lecteur, de bonne foi, suffisamment convaincu par ce qui précède que les faits prouvent—contre les lois de Malthus — que la *fécondité des mariages*, — loin d'être invariable et illimitée, — suit constamment une *progression décroissante* précisément dans les pays où la population s'élève progressivement sous l'empire d'une civilisation déjà avancée.

D'où il suit que *l'accroissement de la population aurait pour cause un principe autre que la fécondité prétendue illimitée des mariages* — et que cette fécondité diminuant au contraire à mesure que la population augmente, les rapports entre ces deux ordres de phénomènes indiqueraient plutôt une loi dont la tendance serait l'*équilibre*.

2. — Cette proposition — dont nous développerons les conséquences dans la seconde partie de ce livre, en même temps que nous en expliquerons la raison, — cette proposition détruit déjà la *nécessité* affirmée par l'école malthusienne d'un principe extérieur d'équilibre, d'une loi d'obstacles étrangers à notre propre nature.

(1) Voy. *Journal des Économistes*, n° de février 1878.

Examinons toutefois la valeur propre de cette seconde affirmation de l'école malthusienne.

Il est bien évident que la loi des obstacles revient à dire simplement que le *principe des naissances*, la fécondité qui permet le renouvellement de la population est seul dans la nature humaine ; tandis que le *principe opposé*, celui qui rend l'autre *nécessaire* et anéantirait la population si elle ne se *renouvelait* pas périodiquement, ce principe d'équilibre qui empêche l'accomplissement de « *l'ordre naturel des choses* » que l'école malthusienne place dans la progression indéfinie du nombre des hommes, — ce principe est complétement étranger à notre nature, c'est l'*impossibilité où se trouve la production des moyens de subsistance de suivre une même progression d'accroissement ;* impossibilité qui se manifesterait, soit directement sous la forme de la famine, soit indirectement sous les aspects innombrables des obstacles répressifs ou préventifs « qui sont autant de formes différentes que revêt « la famine ».

Or, examinons soigneusement tous ces obstacles qui arrêtent l'accroissement de la population.

Quel est leur mode d'action sur celle-ci ?

Ceux que Malthus appelle *préventifs* frappent l'espèce humaine dans le germe — en empêchant, en prévenant les naissances trop nombreuses ;

les autres, — ceux qu'il appelle *répressifs*, — en faisant rentrer dans le néant l'excédant de jeunes gens que des parents imprévoyants ont eu le tort d'en faire sortir « quand il n'y a point de place pour eux au banquet de la vie ».

Empêcher de naître, ou faire mourir, — en un mot *supprimer la vie*, — telle est en définitive l'unique et commune action sur les hommes — de tous les phénomènes extérieurs que Malthus appelle *des obstacles* à l'accroissement de la population et qu'il rapporte tous à un principe commun : la progression trop lente de l'accroissement des subsistances.

Fr. Bastiat—dans un passage que nous avons déjà eu occasion de citer — disait « qu'il ne sau- « rait exister aucun droit dans la collection des « individus qui ne préexiste dans les individus « eux-mêmes. » Cette vérité, en la généralisant, devient bien plus sensible dans l'ordre physique — et l'on ne saurait concevoir que *la vitalité* puisse — dans la population, qui n'est que la collection des *individus vivants* — être soumise à d'autres *lois physiques* que celles qui la régissent dans les individus eux-mêmes.

Si donc, l'insuffisance des moyens de subsistance, le manque fatal de nourriture est, pour la population, le *principe* d'où découlent tous les obstacles qui contre-balancent le *nombre des naissances* — il faudra *nécessairement* que ce soit le même *principe* qui contre-balance la *naissance* dans chaque individu.

Et si la *mortalité*, c'est-à-dire l'extinction du *principe vital*, est — dans la population, dans la collection des individus — non un *principe originel*, une *cause*; mais seulement, comme nous venons de le voir — une conséquence, un *effet*, émanant directement ou indirectement du *principe* de leur accroissement des moyens de subsistance; un *effet* ayant pour *cause* l'insuffisance de la nourriture, — il faudra bien admettre que, dans l'individu aussi, la *mort* n'est qu'un *effet*, une *conséquence*, dont la *cause*, directe ou indirecte, serait l'insuffisance des moyens de subsistance, le manque de nourriture.

D'où il suit que la doctrine de Malthus comporte implicitement que l'homme — qui peut ne jamais manquer de nourriture — *ne mourra pas*.

L'ensemble de cette doctrine conclut donc à l'étrange affirmation de l'*immortalité de l'homme!*

Eh! qu'on ne dise pas que nous ayons forcé les conséquences des doctrines de Malthus pour en faire sortir cette proposition si souverainement absurde. Elle est la conclusion la plus logique de sa doctrine.

Que si la famine, la peste, le choléra, la guerre, les ouragans, la misère, le vice étaient autant d'obstacles, agissant par des *moyens différents* et *autres que la mort* pour arrêter l'accroissement de la population, — il faudrait ranger au nombre de ces obstacles la *mort* elle-même dont le concours à atteindre le même but ne peut être douteux pour personne. Puis il resterait encore à chercher l'origine de tous ces obstacles y compris celui de la *mort*. — D'où il découle que tout raisonnement par lequel on entreprendrait — comme Malthus — d'assigner à l'origine de ces obstacles un *principe commun*, étranger à la nature humaine, comme par exemple l'insuffisance de la nourriture, — serait un sophisme dont la conclusion fausse emporterait la *négation de la mort comme principe inhérent à la nature humaine.*

Mais dans le système de Malthus, la mort ne peut même pas être comptée séparément comme l'un des obstacles à l'accroissement de la population. C'est elle, et elle seule, qui sert de lien à tous les obstacles de Malthus ; c'est par elle uniquement que se manifestent ces obstacles ; c'est elle qui les caractérise — : un événement, quel qu'il soit, qui ne *supprime la vie* de personne ne compte point au nombre des obstacles de Malthus.

Dans ce système — la *mort* est donc, en définitive, le véritable, le seul obstacle à l'accroissement indéfini de la population, — ce que nous sommes fort loin de contester. — Mais, puisque l'on assigne le *manque de nourriture* à tous les obstacles, comme leur cause suprême, le principe invariable de leur origine — la *mort*, qui est le signe unique par lequel se révèle l'existence de ces obstacles, n'est donc, au sein de la population que la *manifestation*, la *preuve* de l'insuffisance des moyens de subsistance. Elle n'émane donc pas d'un principe qui lui soit propre. Elle n'existe pas comme cause.

Autre preuve. Si l'on reconnaît que le *principe de mort* est inhérent à la nature humaine, qu'il existe également dans chacun des individus qui composent la population; qu'avec des moyens suffisants ou non de subsistance, nul ne peut échapper à la mort, — on devra aussi admettre qu'il y a là un *principe*, une *loi d'obstacle* à l'accroissement indéfini de la population d'une nature différente des autres obstacles signalés par Malthus, dont le principe, la cause se trouve uniquement dans l'insuffisance des moyens de subsistance.

Il y aurait alors *deux principes* différents pour faire contre-poids à celui des naissances : le *principe de mort*, qui est inhérent à la nature humaine, et le principe extérieur étranger à notre nature du lent accroissement des moyens de subsistance.

Il resterait alors à chercher parmi les obstacles à la population quels sont ceux qui procèdent de chacun de ces deux principes différents.

Cette recherche aboutirait nécessairement à la condamnation du point de départ et nous ramènerait à ne plus admettre qu'un seul contre-poids à la fécondité de l'espèce humaine : la mortalité. Car ce n'est que par un enchaînement forcé, par un pur sophisme, ainsi què nous venons de lè voir, — que Malthus est arrivé à formuler sa loi des obstacles en rapportant tous les fléaux destructifs de la vie humaine au manque de nourriture. — Cette loi des obstacles disparaît dès qu'on admet le principe de la mort, puisque tout ce que Malthus appelle *obstacle* n'est tel qu'à la condition d'être destructif de la vie humaine, — de procéder par conséquent du *principe de mort*.

Dès lors, il faut admettre qu'il existe dans la nature humaine elle-même une *loi d'équilibre* dont l'effet doit se manifester dans la population par une *tendance* au stationnement, à l'*immobilité*, — ce qui est l'inverse de la doctrine de Malthus ; laquelle est essentiellement basée sur la tendance désordonnée de la population à un accroissement indéfini.

Mais la famine, le manque de nourriture, peut-on objecter, ne saurait être sans effet sur la population. Nous en demeurons d'accord. On *meurt* par l'effet de la famine ; comme on meurt par l'effet du choléra-morbus, on meurt de faim, comme on meurt d'indigestion ; l'excès des misères tue le pauvre, comme l'excès des plaisirs tue le riche ; l'un meurt lentement de consomption, l'autre de pléthore. — Aux pôles, on meurt de froid ; à l'équateur, on meurt de la chaleur. — En somme, on meurt, parce qu'*il faut mourir.*

Le propre de la *civilisation*, c'est de supprimer les causes accidentelles de mort — la famine aussi bien que la fièvre — ou tout au moins de les diminuer graduellement — et d'augmenter ainsi la probabilité de vie moyenne.

Là se trouve le *principe d'accroissement* de la population, tel que nous le développerons ailleurs.

Disons seulement ici que, c'est parce que l'expérience a toujours établi cette vérité qu'il n'y a d'accroissement de population que dans la société en progrès, — que partout on mesure la force et la civilisation des Etats à leur population ; — c'est pour cela que les économistes — même ceux de l'école de Malthus — s'alarment malgré leurs théories — lorsqu'ils voient se ralentir le mouvement progressif de la population de leur pays.

C'est pourquoi, à propos du recensement de la population française en 1872, — nous les avons vus condamner involontairement leurs théories en déplorant « *cet excès regrettable de réserve* « *en matière de procréation,* » qu'ils auraient dû — pour être conséquents — applaudir comme une heureuse application, comme un effet satisfaisant de leur doctrine de la « contrainte morale ».

3. — Examinons maintenant la troisième pro-

position de l'école malthusienne, l'affirmation d'une prétendue infériorité de la fécondité de la terre, comparée à celle de l'espèce humaine.

Rossi trouvait cette infériorité tellement évidente, « qu'il ne lui paraissait même pas que ce « fût d'*hommes réfléchis* que de faire la compa- « raison de ces deux termes ».

Mais dans son discours — où cette pensée se trouve exprimée, comme dans tous les ouvrages d'ailleurs où l'on appuie la doctrine de Malthus — il est assez remarquable que ce qu'il faut entendre par *fécondité de la terre* n'est pas suffisamment défini. Le lecteur se convaincra aisément que la chose n'est pourtant pas assez claire d'elle-même pour justifier cette étrange négligence.

A proprement parler, et telle d'ailleurs qu'elle s'applique à l'espèce humaine, la *fécondité* ne peut s'entendre que de la faculté de procréer, par le principe de la *génération*, des êtres exactement semblables à leurs auteurs.

Pour procréer, engendrer, il faut être doué soi-même du *principe vital* que l'on transmet à autrui. Cette faculté est donc l'apanage exclusif des êtres vivants et organisés — dont les espèces, les races disparaîtraient bientôt de la surface de la terre — si elles n'étaient douées de la faculté de transmettre ainsi à des individus — en tout semblables aux parents reproducteurs — dans un germe, une semence quelconque, — cette force vitale qui, autrement, s'éteindrait pour jamais dans la *mort*.

C'est dans ce *sens propre* que nous disons des végétaux et des animaux, les seuls êtres vivants et organisés, qu'ils sont *féconds*.

Or, la *Terre*, la troisième planète du système solaire, est-elle un *être vivant et organisé ?* Peut-elle reproduire des individus semblables à elle-même? A-t-elle une *race de globes terrestres à perpétuer ?* A-t-elle commencé par les phénomènes de la germination ou de la naissance ? Existe-t-elle en vertu d'une *force vitale* devant s'éteindre dans le phénomène de la mort?

Evidemment non.

La *fécondité*, la faculté qu'ont les seuls êtres vivants et organisés de communiquer leur *principe vital*, avant de mourir, à d'autres êtres semblables à eux-mêmes; cette puissance de reproduction que le savant naturaliste Milne Edwards appelle « le contre-poids de la mort », ne saurait exister dans une planète qui n'est point vouée à cette fin.

Ainsi, à proprement parler la *Terre n'est pas féconde*.

Ce n'est donc que dans un sens figuré qu'il faut entendre cette *fécondité de la terre* que les économistes de l'école malthusienne opposent à celle de l'espèce humaine.

Quel peut être ce sens ?

Que s'il nous faut entendre *physiquement* par *fécondité de la Terre* — non plus le principe de génération, — mais le principe même de la vie à la surface de notre planète, l'origine de tous les êtres vivants — végétaux ou animaux — dont elle est peuplée, — alors nous désignons par cette expression la *cause première* de tous les phénomènes de la vie végétative et animale, aussi bien que des juxtapositions de la matière inorganique; c'est le *principe* du mouvement général de la matière d'où résultent la vie et tous les phénomènes qui lui sont propres : mouvement perpétuel donnant lieu à ces transformations incessantes de la matière par lesquelles passent tous les êtres du règne animal et du règne végétal. C'est ainsi que nous les voyons se décomposer par la mort, tomber en poussière et former sur la surface du globe le fumier, le *humus* qui se transforme en de nouvelles substances végétales et animales, dont se nourriront de nouveaux individus qui mourront à leur tour pour former un nouveau fumier qui reproduira de nouveaux êtres, ainsi et toujours jusqu'à la fin des temps.

Mais la *fécondité de la terre*, ainsi entendue, ne signifie rien de moins que l'*ensemble des forces de la nature*.

Et à moins que nous ne prétendions faire de l'Homme un être *surnaturel*, indépendant des lois de la création, la fécondité de l'espèce humaine

— comme celle de toutes les autres espèces du règne animal — ne peut avoir son principe, son origine que dans cette fécondité première qui est la source même du mouvement, de la vie; la fécondité humaine ne peut être qu'un produit, un résultat de l'action de ces forces de la nature, dont l'ensemble s'appellerait *fécondité de la Terre.*

Prétendre donc que la fécondité de l'espèce humaine soit plus grande que celle de la terre, ainsi entendue, ce n'est pas seulement soutenir que la partie soit plus grande que le tout; c'est encore vouloir que l'effet produit soit plus puissant que la force génératrice dont il émane. Ce serait le comble de l'absurde.

Tel n'est sans doute pas le sens que l'école malthusienne attache à cette expression : fécondité de la terre, quand elle la prétend plus faible que elle de c l'espèce humaine. Alors qu'est-ce donc que cette fécondité de la terre?

Est-ce le simple principe de la *fertilité* du sol, la puissance acquise par la graine, confiée à la terre arable, de germer, de croître et de devenir un grand arbre semblable à celui dont elle émane; est-ce ce que Ricardo appelle « les facultés productives et impérissables du sol? »

Mais cette fertilité n'est — comme la fécondité humaine — que l'un des résultats de l'action combinée des forces de la nature sur la matière.

Quelle raison peut-on avoir de supposer cette combinaison des mêmes forces, moins efficace pour former des haricots et des choux que pour former des êtres humains?

En réalité, la Terre n'est que l'immense réservoir des *matières* mises par le Créateur à la disposition du genre humain. Elle est en même temps un gigantesque *laboratoire* où la nature est sans cesse occupée à façonner, à transformer ces matières.

Production, enseigne-t-on aujourd'hui, dans toutes les chaires consacrées aux sciences naturelles — signifie simplement *transformation*.

« L'homme — a dit avec raison J.-B. Say — ne peut ni créer ni détruire le moindre atome de matière. »

De même toutes les forces de la nature, agissant librement sur la surface ou dans les entrailles du globe, n'arrivent ni à augmenter ni à diminuer la somme de matières déposée dans le sein de la terre.

Nous lui demandons ce qu'il nous faut de ces matières pour les transformer à notre usage; — mais c'est un mandat qui doit être remboursé: après que nous avons usé — suivant nos besoins — de ces matières, il faut — sous une forme ou sous une autre — qu'elles retournent au réservoir commun.

C'est encore, et sous une autre forme, la même

loi que nous avons déjà signalée et qui dans cette étude revient toujours au bout de toutes les conclusions :

La fécondité et la mort se faisant le contrepoids l'une de l'autre partout et toujours.

La Terre, venons-nous de dire, est aussi le grand laboratoire de la nature. Celle-ci ne se repose jamais. Mais elle ne demande pas mieux que de mettre son activité incessante au service de l'homme. Mais pour que l'homme puisse commander, diriger la nature et s'approprier ses services, il faut qu'il *sache* et qu'il *travaille*.

Fécondité, mortalité, science, travail.

Dans ces quatre termes se trouvent les véritables lois données à la créature humaine par l'Auteur des mondes. — Ce sont les quatre côtés du quadrilatère dans lequel nous devons chercher le vrai principe de population.

Ces termes sont inséparables.

Aussi les trouvons-nous réunis dans le plus antique souvenir du genre humain, dans ce premier et sublime poëme de la *Genèse* — où ils sont confondus sous la célèbre image de la pomme.

— Au commencement l'homme était *immortel*, mais *infécond;* il ne connaissait point dans le jardin d'Eden les fatigues du laboureur, mais le livre de la science lui était fermé. Il voulut *savoir* tous les secrets de la nature; il voulut lire dans le grand livre symbolisé par une pomme.

Mais, en ouvrant cette pomme, en conquérant avec la *science*, la *fécondité*, — il avait gâté l'œuvre du Créateur, il avait rompu l'équilibre des lois qui avaient été données à sa propre nature. — Pour rétablir cet équilibre, le Créateur dut lui imposer deux nouvelles lois : le *travail*, qui rend la *science* utile, et la *mort* qui contre-balance la *fécondité* et la rend possible.

Dans les codes humains, la *mort* est la plus grande pénalité que nous ayons imaginé d'imposer à ceux de nos semblables qui se rendent coupables de quelque forfait. Nous nous sommes tellement habitués à voir la mort sous cet aspect, à juger l'œuvre de Dieu, du point de vue étroit de nos faibles conceptions, que des philosophes ont fait école, en s'appuyant sur la *pénalité universelle*, manifestée par la mort, pour soutenir que Dieu n'existe pas, ou que, s'il existe, il est le principe du *mal*, — qu'il est un être détestable et infiniment méchant pour avoir frappé de la plus *haute pénalité* le genre humain tout entier, pour le péché d'un seul homme.

Aussi voyons-nous encore des écrivains du plus grand mérite, dépenser vainement leur philosophie à trouver la solution de cette éternelle question : Pourquoi la mort?

L'illustre Guizot, dans l'un de ses derniers ouvrages, avait entrepris de prouver que la *foi* est supérieure à la *science*, parce que celle-ci, prétendait-il, ne répond rien à de hautes questions, dont l'autre seule donne une solution satisfaisante. Et, prenant à la lettre l'apologue de la pomme, il a vu dans la mort le *châtiment* du péché originel.

Cependant, la science qui — sans s'arrêter à discuter les textes des philosophes et des théologiens — va droit au fond des choses pour en trouver le *pourquoi*, la science explique la mort d'une façon à la fois plus rationnelle et — il faut bien le dire — plus chrétienne que ce spiritualisme de Guizot.

Lorsque l'homme, la consultant sur sa propre nature, lui demande :

Pourquoi mortel?

Elle lui répond : *Parce que fécond.*

C'est une *loi d'équilibre.*

Cette solution, disons-nous, est plus chrétienne que le *parce que pécheur* de Guizot. Car elle nous montre que Dieu n'a pas institué la mort comme une *pénalité*, un *châtiment*, mais plutôt comme une nouvelle marque de sa bonté pour l'homme. Il lui commandait, il lui demandait, de rester *infécond*, afin qu'il pût le maintenir *immortel.*

La *contrainte morale* était — dans cette poésie biblique — un pacte d'amour entre le Créateur et sa créature. Mais quand l'homme eut faibli, quand les attraits de la volupté l'eurent emporté, en lui, sur les recommandations du Créateur, celui-ci eut toujours pitié de sa faiblesse, et, usant de sa toute-puissance, il institua la mort pour *réparer* la faute du premier homme et soustraire le genre humain aux terribles conséquences de cette faute.

Mais, si Dieu était, au contraire, un être méchant, et qu'il voulût, en effet, punir tous les hommes de la désobéissance d'Adam, il eût laissé à notre espèce, l'*immortalité* avec la *fécondité*. Celle-là lui aurait servi à nous châtier d'avoir voulu de celle-ci.

Et, c'est alors que les Malthusiens auraient raison.

« Alors, suivant un conte charmant, dont l'auteur, Ch. Deulin, n'eût pas trouvé mieux s'il s'était sciemment proposé de plaisanter avec esprit les Malthusiens, — alors, on serait obligé de rassembler les vieillards décrépits dans d'immenses hospices où chaque génération serait occupée à soigner les générations précédentes qui ne pourraient pas *guérir du mal de la vie*. »

C'est alors que l'on serait fondé à nous recommander la *contrainte morale* comme un remède aux maux intolérables que nous aurait ainsi infligés le Créateur. C'est alors seulement, que l'on serait bien venu à nous conseiller de « puiser dans notre propre volonté (self-government) la force de *résister*.....» à l'irrésistible tentation de la pomme.

Le globe terrestre renferme dans son sein une

foule de substances ayant noms : azote, oxygène, hydrogène, carbone, fécule, albumine, chaux, fer, soude, plomb, sucre, résine, silice, potasse, magnésie, etc., etc.

La *nature* — dans son activité incessante — est perpétuellement occupée à transformer, à *continuer* capricieusement toutes ces matières.

L'*homme*, armé de sa *tête* et de ses *bras* ou, si l'on aime mieux, s'aidant de la *science* et du *travail*, vient, soumet la *nature* plus ou moins complétement à son empire ; imprime à son activité désordonnée et stérile une direction constante et utile.

Il lui ordonne alors de prendre une quantité déterminée de certaines substances, de les combiner entre elles, et d'en former une substance nouvelle et composée qui s'appellera par exemple la *pomme de terre*.

La Nature, obéissant au *roi de la création*, puise au *grand réservoir* :

(1) 20 parties de fécule,
1.65 de pectates et pectinates de soude, chaux et potasse,
1.50 d'albumine et autres matières azotées,
0.12 d'asparagine,
0.10 de matières grasses,
1.07 de sucre, résine, huile essentielle,

(1) *Analyse chimique de la pomme de terre*, par M. Payen.

1.56 de citrate de potasse, phosphate de chaux, de magnésie, silice, oxyde de fer, etc.,

74 parties d'eau.

Puis, combinant ces 100 parties de matières diverses dans le *grand laboratoire*, elle en forme la nouvelle substance commandée par son maître : elle lui donne la *pomme de terre*.

Ailleurs, l'homme lui commande un être semblable à lui-même, qu'il appellera son enfant et sur lequel il épanchera ces trésors d'amour qui nous font encore différer de la bête et nous rapprochent du Créateur.

La Nature, toujours obéissante, puise au grand réservoir(1)« de l'eau,de l'albumine, de la fibrine, du fer,de la cholestérine, de la cérébrine,du phosphore, du chlorure de sodium, de l'hydro-chlorate de potasse, de l'hydro-chlorate d'ammoniaque, du sulfate de potasse, du carbonate de potasse, du carbonate de chaux,du carbonate de magnésie,des phosphates de soude,de chaux et de magnésie, des lactates de soude, des sels alcalins, de l'acide carbonique, du gaz azote, du gaz oxygène, et une foule d'autres matières, dont le secret, gardé précieusement par elle, échappe encore aux moyens d'analyse de la science contemporaine ».

---

(1) *Composé chimique du corps humain*, d'après M. Milne Edwards.

Puis, de toutes ces substances combinées par ses soins incessants et minutieux, elle forme le sang, les os, les chairs de l'être nouveau, commandé par son maître et permet ainsi à l'homme de jouir des joies de la paternité.

Lors donc que l'on prétend que l'*homme* peut procréer plus d'*enfants* que la *terre* ne peut produire de *pommes de terre*, on ne fait que soutenir cette absurdité :

«Que la nature trouve plus aisément et combine plus facilement les substances qu'elle emploie à former la créature humaine, qui est — comme l'a si bien dit Carey — « la forme la plus élevée que puisse revêtir la matière » qu'elle ne saurait trouver et combiner de ces mêmes substances pour leur donner les formes plus humbles et bien moins compliquées des pommes de terre, des radis, des navets, des harengs, des poules, des moutons ».

Qu'il nous soit permis, pour conclure, de répéter que :

La *fécondité de la terre* ne peut s'entendre que de ces deux choses qu'elle embrasse sous une commune dénomination :

1° — La somme totale des *substances matérielles* que le Créateur a emmagasinées dans son sein pour l'usage de l'homme ;

2° — La totalité des *forces de la nature* destinées par le Créateur à nous aider dans l'accomplissement de ces transformations, de ces combinaisons de la matière que nous nommons *Production.*

C'est donc un contre-sens que de prétendre que cette fécondité puisse être dépassée par celle de l'espèce humaine.

Et nous n'hésitons pas à clore cette étude des théories de Malthus, par le mot même de M. Rossi, en y attachant toutefois un autre sens :

« Comparer la fécondité de la terre à celle de l'espèce humaine, — disons-nous après lui — n'est pas d'hommes réfléchis. »

FIN DU PREMIER VOLUME.

TABLE DES MATIÈRES

CONTENUES DANS CE VOLUME

FIN DE LA TABLE DES MATIÈRES DU PREMIER VOLUME.

Paris. — Typ. Tolmer et Isidor Joseph, rue du Four-Saint-Germain, 43.

www.ingramcontent.com/pod-product-compliance
Ingram Content Group UK Ltd.
Pitfield, Milton Keynes, MK11 3LW, UK
UKHW020554230726
13926UKWH00005B/2006